U0072201
普天之下・盡是好書
普天出版家族
Popular Press Family
凌雲
A-Plus Creative Company
文創

用寬闊的心態開創未來
格局，決定你的結局
詩人白朗寧曾經寫道：
「人要在心中培養對未來的期望，千萬不要陷入眼前的瑣事不能自
確實如此，態度會決定人生的高度，格局會決定人生的結局，一個人最終
所成就，是否過得快樂幸福，其實就在於看待事情的方式，看待世界的視
睿智豁達的人會用正面、樂觀的思緒看待問題，至於悲觀、目光淺薄的人
就只能淪為任由狹隘的格局束縛自己的人生。
凌雲編著

• 出版序 •

格局，決定你的結局

只有當我們願意去接受不完美的現況，才能夠豁達地提醒自己要比別人更加努力，而不是心態不平衡地放任自己自暴自棄。

法國作家安德烈．紀德說過：「人人都有驚人的潛力，要相信自己的力量與青春，要不斷告訴自己：我就是命運的主宰。」

格局開闊的人不會因爲困難而退縮不前，也不會因爲厄運而心生畏懼。不論遭遇再艱困的際遇，人都得保持積極樂觀的心態，試著從黑暗中找到亮光，試著從迷霧中尋找自己前進的方向。

千萬不能淪爲被命運支配的傀儡，即使生活到了難以忍受的地步，只要充滿

信心與希望，樂觀以對，終究會開創屬於自己的輝煌時光……

有個年輕人因為從小家境貧窮而缺乏受教育的機會。長大以後，他從鄉下來到城裡，想要找一份可以餬口的工作，但由於他連基本的學歷都沒有，所以連餐廳老闆都不願意請他當服務生。

年輕人對城市人的勢利眼感到非常灰心，決定要離開這座醜惡的城市。在他離開之前，無意中在報紙上看到了著名銀行家羅斯先生的新聞，於是他突發奇想，提筆寫了一封信給羅斯先生，信中描述了他從小到大所經歷的貧苦生活，抱怨命運對他如何不公，並希望羅斯先生能夠借他一點錢，讓他有機會到學校讀書，以便在取得學歷之後找份好工作謀生。

幾天以後，年輕人收到了羅斯先生的回信。

羅斯先生並沒有答應借他錢，倒是在信裡向他訴說了一個故事。

羅斯先生說：「海洋裡生活著很多魚，幾乎所有的魚都有魚鰾，藉此得以沉浮自如，只有鯊魚沒有。少了魚鰾的鯊魚，行動極為不便，沒有辦法停在水裡仍保持平衡，因為只要一停下來，就會沉入水底，還很難浮出水面。為了生存，鯊魚只能不停地游動，一刻也不能休息，也因為這樣，擁有了強健的體魄，成為深海中最勇猛的魚。這個城市就像海洋一樣，擁有文憑的人很多，但成功的人很少。你現在就是一條沒有魚鰾的魚……」

年輕人看了這封信，若有所悟。

隔天一大早，他把原本已經打包好的行李拆開，到街上的餐廳一家一家地找工作。他告訴餐廳老闆，只要可以供應他伙食，他可以一分工錢都不要，如果覺得他不夠格當服務生，那麼聘請他當洗碗工也可以。

年輕人就這樣在這個大城市中找到了屬於自己的一小塊立足之地，十多年以後，他創業成功，並且娶了銀行家羅斯先生的女兒。

他就是石油大王哈特。

史提夫曾經說過：「在別人都不看好自己的情況下看好自己，乃是成功的不二法門。」

面對別人認爲我們一定做不到的時候，最好的因應方式，並不是「既然你認爲我做不到，我就乾脆賭氣不做」，而是要越在別人認爲自己做不到的情況下，越是要爭氣，向別人證明自己有能力做到他認爲自己做不到的事。

當我們願意去面對「自己的起跑點比別人低」這個事實以後，它就只會是一個事實，而不會是一個藉口。

只有當我們願意去接受不完美的現況，才能夠豁達地提醒自己要比別人更加努力，而不是心態不平衡地放任自己自暴自棄。

正因爲我們的起跑點比別人低，所以更應該尋找出一套適合自己的生存法則。正因爲我們比別人矮了一截，所以應該要努力跳得比別人更高。

事實上，一個人帶著多少資源上路，對他的前途影響並不大。相反的，若是因爲裝備不全而駐足不前，那才眞的會讓他永遠到不了他想要到達的位置。

PART—1

改變想法，就能改變事情的方向

恐懼對事情一點幫助也沒有，只會替自己增添苦惱；克服恐懼的方法，是努力強迫自己朝好的方向去思考。

PART—2

多嘗試，就一定能找到出路

如果你不知道自己什麼事情做得好，什麼時候做不好，那麼不妨就學無頭蒼蠅一樣，多方面嘗試，不要為自己設定界線。

PART—3

態度決定一個人的高度

要擁有正確的工作態度並不難，只須多動腦想一想，要求別人少一點，要求自己多一點，並努力把每一件事都做到最好。

PART— 4

以平靜的心境面對困境

真正令人不舒服的，其實不是疼痛本身，而是人們對疼痛的解讀。幸運與否，其實不在於人的際遇，而在於人自己的心境。

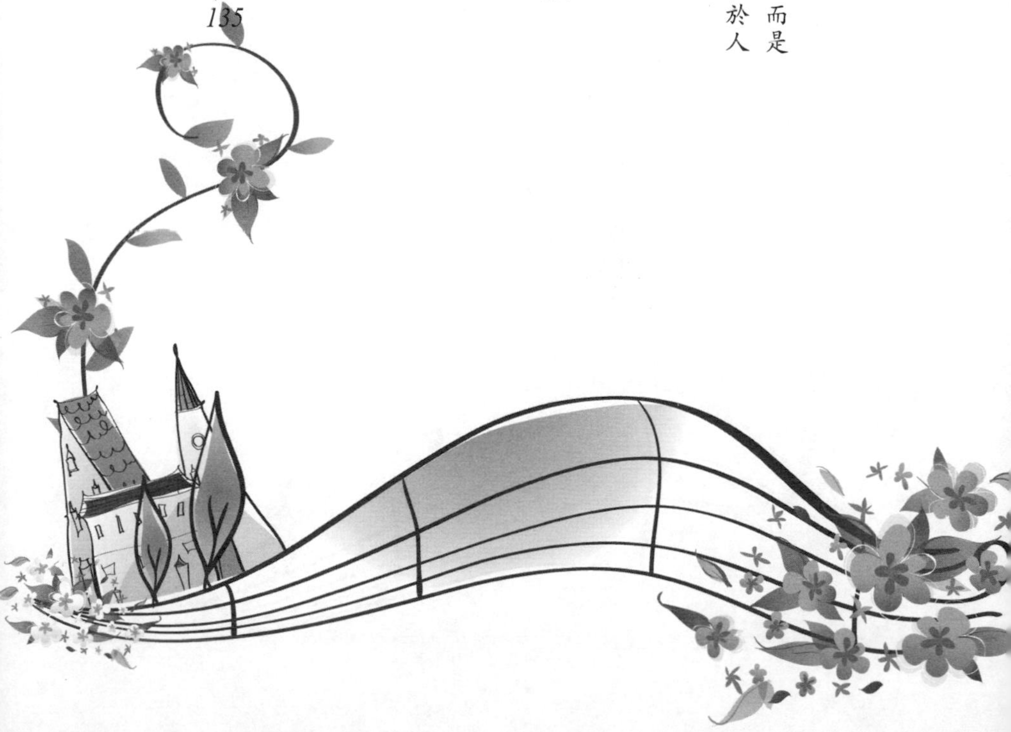

PART—5

適度的壓力，就是最好的激勵

想要開發自我的潛能，絕對不能只是讓自己相信「我是最棒的」，相反的，你要不斷地提醒自己：「我還不夠棒，我一定還能更棒！」

PART—6

埋怨越少，成功越早

叫嚷著不公平的人，一輩子也不會覺得公平，因為現實人生本來就不公平，再怎麼埋怨，也無法使世界變得更合理。

PART—7

不要讓失敗成為阻礙

好好學習「失敗」這一課，失敗固然阻礙了出路，但也隱約暗示我們應該要轉彎。失敗不光只是一項考驗，更是一個啟示。

PART—8

用不服輸的精神挑戰不可能

試著去挑戰不可能的任務，才能接觸到嶄新的領域，鍛鍊出更剛強的自己，就算最後沒有得到預期的收穫，也雖敗猶榮。

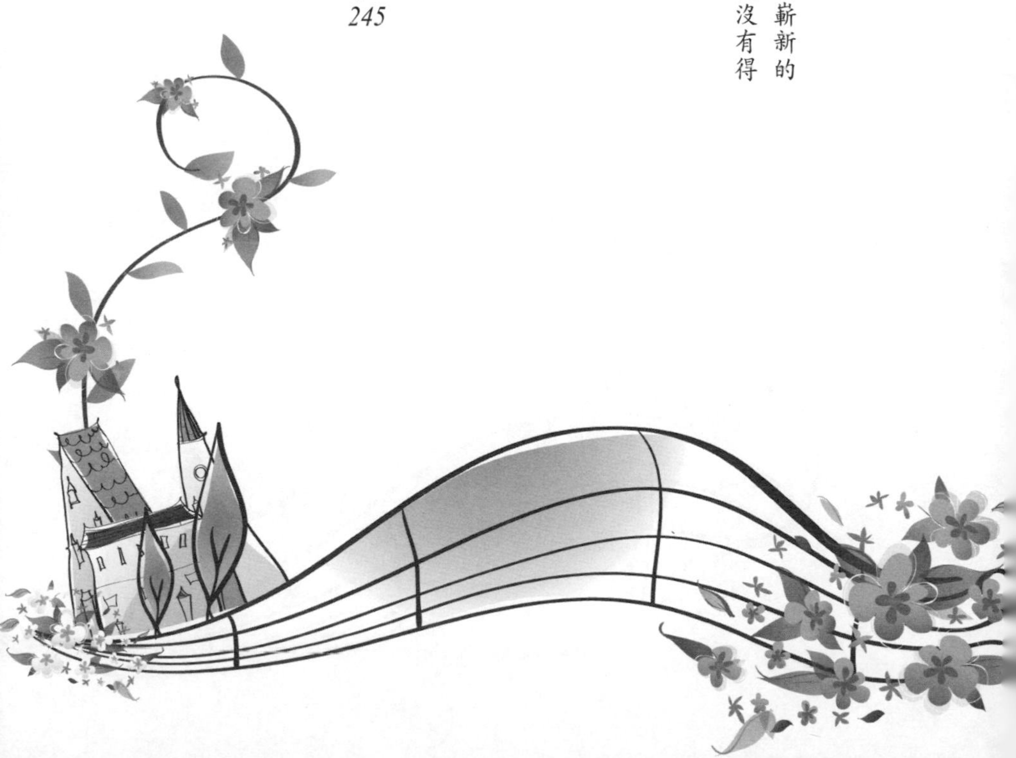

PART—9

歷經磨練 就能成長蛻變

讓自己脫去外殼，改掉舊有的習慣事物，重新適應新規範的過程想必痛苦，但這就是成長所必須要付出的代價。

PART—10

不一味賭氣，才是尊重自己

不讓他人踐踏自己，懂得尊重自己，同時也維持對自己專才的尊重，如此一來才能贏得他人的敬重。

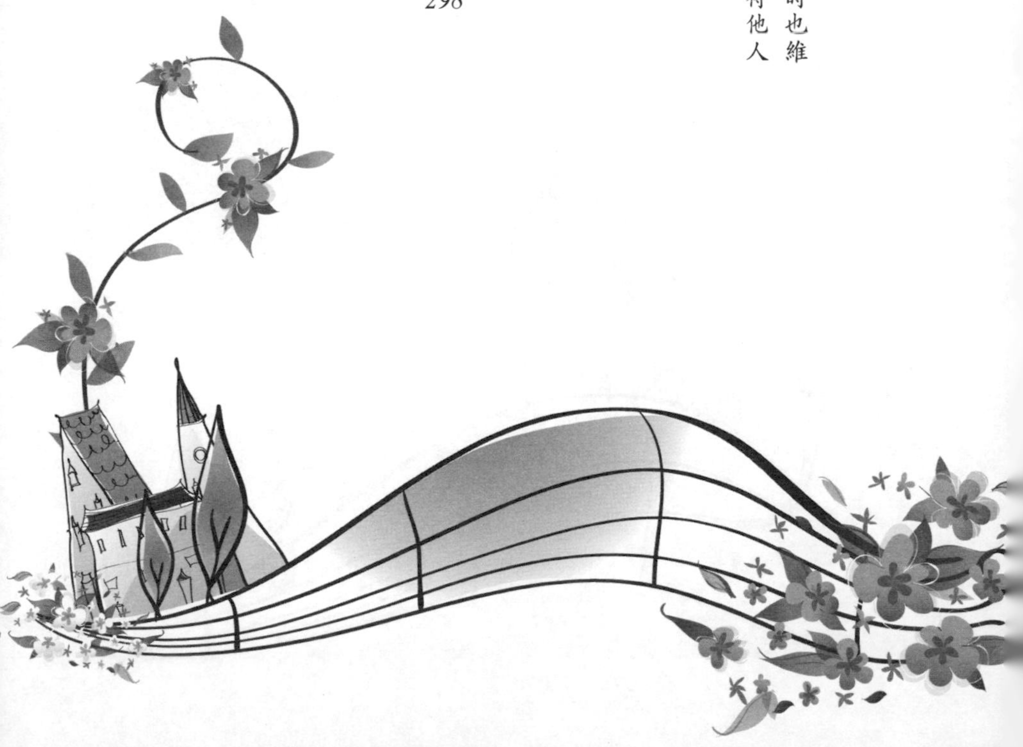

PART—11

在有限的生命活出無限的意義

只要我們能夠在最短的時間裡完成最多的事情，也就等於是在有限的生命中活出了無限的意義。

PART—12

走出壞情緒，會發現更多樂趣

壞情緒總該有個盡頭，除非你選擇要永無止盡地沉溺在裡面。要不要回到平靜的岸邊，決定權掌握在自己手中。

01

改變想法，就能改變事情的方向

恐懼對事情一點幫助也沒有，
只會替自己增添苦惱；
克服恐懼的方法，
是努力強迫自己朝好的方向去思考。

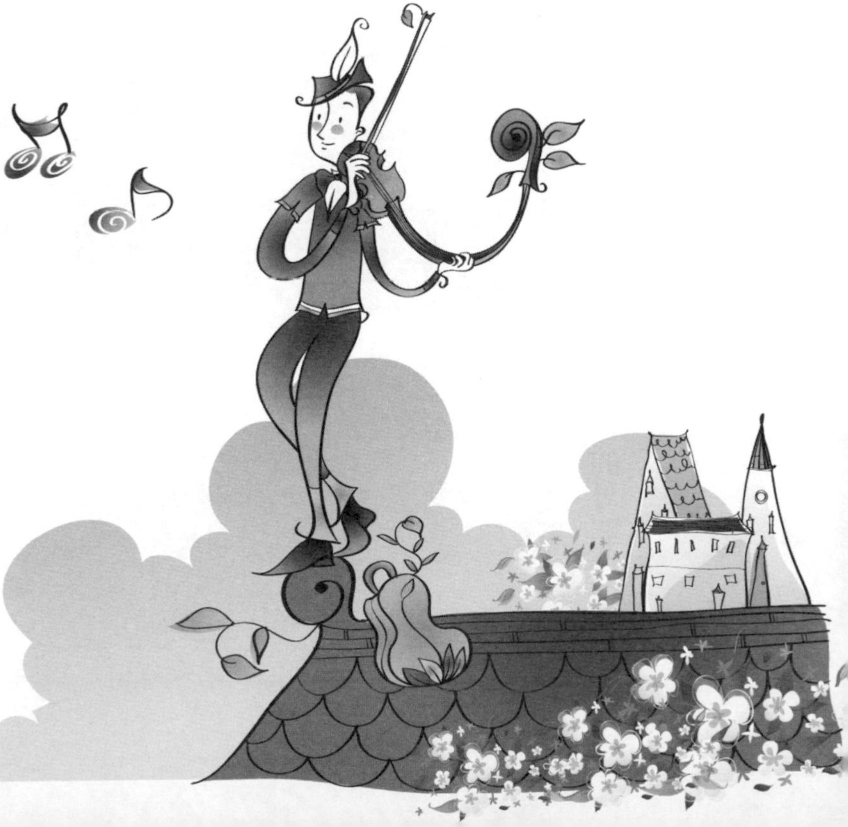

不動腦思考，當然就做不到

人生的道路上，有很多事情是我們一輩子也沒辦法完成的。但做不到，不代表我們不能動腦思考，不代表我們不能動手嘗試。

許多人還沒開始動手，就告訴自己：「這些事情，我一定做不到。」

大部分有這種想法的人，的確有很多事情是他們做不到的。

然而，真正阻礙他們的，不是他們本身的能力不足，而是他們未戰先降的這種壞習慣。他們不讓自己有失敗的機會，因此也斷絕了自己成功的可能。

這一天，屋外颳起了這一年最強大的一場風雪。

教室裡的每個人都在喊冷，大家的思緒都已經凍結成了冰，根本沒有辦法靜下心來讀書。講台上的布魯斯老師上課上到一半，看見大家心不在焉的樣子，一反常態，神情嚴肅地放下書本，對著學生們說：「大家把書本收起來吧，我們一塊兒到操場上去。」

不會吧！外面這麼冷，到操場上去幹什麼？布魯斯老師接著解釋說：「我們要到操場上去立正五分鐘。」

但是，這個回答並沒有解除同學們的疑惑。所有人仍舊呆坐在位置上不肯移動，一直到布魯斯祭出了「不肯去操場的人，就永遠別再上我的課」這道恐嚇令，大多數的同學才施施然地往操場走去。

空曠的操場上，漫天飛舞的雪粒簡直吹得人睜不開眼睛。風雪襲來，就像是刀子刮在臉上一般，厚實的衣服也隔絕不了屋外的低氣壓，裹著厚襪子的雙腳更早已被凍得失去了知覺。

布魯斯先生沒有多說什麼，只是帶領同學來到操場。接著，面對著學生，脫下身上保暖的羽絨衣。

他繼續想要脫下身上的毛衣，但是才脫到一半，風雪已經把整件毛衣吹走。

布魯斯先生的身上只剩下一件單薄的襯衫，雖然蒼白著嘴唇，但仍堅定地對學生說：「大家到操場中央站好。」

誰也不敢吭聲，大夥兒著實在操場上立正站好五分鐘。

五分鐘後，大夥兒回到了教室，布魯斯先生對著大家說：「之前在教室時，我們都覺得自己一定忍受不了屋外的風雪，然而，真正站到外面以後，你們會發現，就算叫你們站上半小時，你們也能夠做到，就算叫你們只穿一件襯衫，你們也可以頂得住。這就像我們面對困難的時候，很多人都把困難看得很巨大，但是當你實際走出去和困難搏鬥時，你就會發現，想像中再大的困難也不過如此而已……」

成功學大師卡耐基曾經說過：「人在身處困境時，適應環境的能力，通常比在順境時更為驚人。」

人能不能適應環境，能不能解決難題，完全在於願不願意勇敢面對。

的確，人生的道路上，有很多事情是我們一輩子也沒辦法完成的。但是，做不到，不代表我們不能動腦思考，不代表我們不能動手嘗試。即使做不到，我們也應該試著去做做看。也許最後的結果會是失敗的，但至少，我們可以大聲地說：「我曾經做過！」

「有些事情，我一定做不到。」這樣的念頭，每個人都會有。只是，失敗的人容許自己接受這樣的藉口，成功的人卻在放棄之前，對自己多說了一句：「沒試過，又怎麼知道自己做不到呢？」

保持速度，才能持續進步

當你想要偷懶的時候，告訴自己：學習每一件事都要像練功一樣，一日不練，不進則退；三日不練，前功盡廢。

俄國作家克雷洛夫曾說：「有天分而不持續運用，天分一定會消退。如果你不掌握向前邁進的速度，那麼你將在慢性的腐朽中逐漸衰滅。」

如果你想要浮在檯面之上，永遠不能停止前進的速度。

當你想要偷懶的時候，可以想想以下這個值得深思的故事。

海爾集團的CEO張瑞敏在一次中階幹部會議上提出這麼一個問題：「石頭

要怎麼才能在水上漂起來？」

大夥兒提出了五花八門的答案。

有人說：「要把石頭掏空。」

張瑞敏搖搖頭，說：「石頭掏空了，還叫石頭嗎？那不成雞蛋殼了？」

也有人說：「把它放在木板上。」

張瑞敏還是搖頭說：「不能用木板。」

甚至有人說：「用假石頭不就得了！」

張瑞敏反諷道：「那你為什麼不乾脆用假的水呢？」

他再一次認真地問：「石頭是真的，水也是真的，請問要怎麼讓一塊真的石頭漂在真的水上面呢？」

終於有個人靈光一閃，站起來回答說：「速度！」

張瑞敏這時才露出滿意的笑容，點點頭說：「對了，關鍵就在於速度！《孫子兵法》上說：『激水之疾，至於漂石者，勢也。』一塊石頭想要在水上漂起來，就必須仰賴速度才行。」

大多數人都玩過「打水漂」這個遊戲，把一顆石頭往水上擲過去，擲得好，石頭可以在水面上彈個好幾下才落入水底。

石頭落入水底之前，支撐石頭在水上「飛」的，正是速度。

是的，石頭只有在速度夠快的時候，才能「飛」起來。人也是一樣，只有保持一定速度的時候，才能不沉入水底。

當你想要偷懶的時候，必須告訴自己：學習每一件事都要像練功一樣，一日不練，不進則退；三日不練，前功盡廢。

停下來，你不會停留在原地，你只會沉到水裡去。

一味逃避，不如嘗試處理危機

逃避只會讓問題越滾越大，而且越來越靠近。與其一味地逃避，倒不如沉著冷靜地面對，問題雖然有些棘手，但終究還是有辦法可以解決。

作家魯拉索曾說：「一個不懂得動腦思考的人，通常會將一丁點讓自己苦惱的事，當成世界末日。」

的確，我們往往會將只要自己動腦就能解決的苦惱之事，當成好像天就快塌下來的「大事」來面對，殊不知，很多讓自己苦惱的事，就是因爲自己懶得動腦解決，才會在自己的心中越長越大，衍生出各種負面想法。

正因爲如此，我們經常會出現一個錯誤反射動作，就是遇到危險的時候，大

腦就失去思考能力，只知道趕快逃跑。

但是，逃跑不一定是對的，倘若你逃跑的速度不夠快，或是你跑的方向不正確，那就很可能只會讓自己陷入更大的危機之中。

據說，鯊魚的攻擊性非常強，只要在海裡被鯊魚發現，很少人能夠死裡逃生。然而，奇怪的是，一名海洋生物學家羅福特研究鯊魚多年，經常穿著潛水衣游到鯊魚的身邊，和鯊魚近距離接觸，但是鯊魚好像一點也不介意他的存在，從來不曾向他伸出魔爪。

對此，羅福特解釋說：「鯊魚其實並不可怕。可怕的是人一見到鯊魚，自己就已經先害怕了。」

羅福特進一步說，人遇到鯊魚時，往往都會緊張得心跳加速，正是那快速跳動的心臟，引起了鯊魚的注意；大家不知道的是，鯊魚的感應方式和人類不同，牠們靠的不是眼睛，而是透過快速跳動的心臟在水中產生的感應波，發現獵物所在的位置。

只要人們能夠在鯊魚面前保持心情坦然，毫不驚慌，那麼鯊魚就不會對你構成任何威脅。就算牠不小心碰觸到了你的身體，只要你不緊張、不反擊，牠也不會攻擊你，只會從你身邊緩緩游走，往另一個方向尋找牠的獵物。

相反的，如果你一見到鯊魚就轉身想要快點逃命，那麼你就真的註定要進到鯊魚的肚子裡去。

遇到危險的時候，我們首先應該抱持的想法是——跑，眞的有用嗎？逃得掉的，當然就得快跑；若是已經來不及跑了，那就應該冷靜下來，想想其他的解決辦法。

人應該擺怯懦畏縮的負面個性，鍛鍊出積極穩健的理智，用理智面對眼前的危急，而不是一味想要逃避。

遇到「鯊魚」的時候，千萬不要慌張，也別急著逃跑。

作家米朗曾經寫道：「讓自己苦惱的事，並不會因為你什麼事都不做，只想躲避，就會自動消失不見。」

一味苦惱，並不能解決生活中的各種突如其來的危機，只會讓自己越活越懊惱。與其充滿恐懼、煩憂地爲了某些事苦惱，還不如利用這些苦惱的時間動腦，思考解決這些難題的方法。

人生許多問題都是如此，逃避只會讓問題越滾越大，而且越來越靠近。與其一味地逃避，倒不如沉著冷靜地面對，你會發現，問題雖然有些棘手，但終究還是有辦法可以解決。

只要願意動腦，就不會被打倒

災難無疑是人生中一場殘忍的打擊，但是那並不能將你打倒。除非你自己選擇絕望，否則你沒有理由看不見每一處藏在你身邊的希望。

人們經常有一個錯誤的做法，當災難或麻煩降臨時，只會沉痛以對，卻不願動腦想想如何面對。

事實上，災難的發生或許是我們無法預料與控制的，但是誰說我們一定得愁眉苦臉地因應接踵而來的困境？

傑瑞在一次戰爭中，眼睛不幸受了嚴重傷害，因此無法看見任何東西。

雖然他承受了如此慘痛的巨變，但是依舊表現得十分開朗。只要經過他的病房，總可以聽見他和其他病人有說有笑，病房裡頭的氣氛歡樂得不像是個生病的人住的地方。

所有人都樂於見到這樣的情況，只有傑瑞的主治醫生聽說了這個情形，心裡感到非常憂慮。

他親自走到傑瑞的床邊，鄭重地對他說：「傑瑞，我這個人一向喜歡對病人實話實說，不喜歡欺騙病人。現在，我有個壞消息要告訴你，你的視力恐怕永遠不能恢復了。」

好長一段時間，病房裡頭安靜得一點聲音也沒有，時鐘行走的聲音變得無比清晰，好像在提醒他們，時間並沒有靜止，地球依然還在旋轉。

終於，傑瑞打破沉默，平靜地說：「其實，我早就知道會有這個結果了。但是我還是非常謝謝你，謝謝你費了那麼多心力治療我。」

幾分鐘之後，傑瑞又恢復以往爽朗的模樣，笑著對病房裡的朋友說：「我很想要為這個壞消息表示哀悼，但是我實在找不到任何可以絕望的理由。沒錯，我

的眼睛瞎了，但是我還聽得到，還可以說得出話來！我的身體強壯，不但可以行走，雙手也十分靈活。而且，盲人並不是一無是處的人，我可以重新學習一技之長，讓我維持生計。我有什麼好難過的呢？我現在所要做的，不過是重新適應一種新的生活方式罷了。」

是啊，有什麼好難過的呢？很多時候，我們的眼睛並沒有瞎，我們只是被自己心頭上的灰塵蒙蔽了視野而已。

如果你可以想到一百個悲傷的理由，爲了這些理由苦惱不已，那麼你也一定可以動動腦，想出一千個不絕望的理由。

歐里庇得斯曾經說：「我羨慕那些一生雖然不幸，卻相信自己的人，因為，他們受了苦，但不至於被痛苦壓倒。」

只要是人，都具備忍受不幸，戰勝困境的能力，重點就在於遭遇不幸之時懂不懂得適時改變心境。

如果我們處在艱困的環境當中，還相信自己有能力解決眼前的難題，那麼再

強大、再艱難的困境，也無法阻擋我們追求自己想要的人生。

傷痛並不能奪走我們微笑的能力，災禍也不能瓦解我們樂觀的權利。

災難無疑是人生中一場場殘忍的打擊，但是再怎麼傷心、懊惱都無濟於事，你最需要做是動腦，動腦想想往後的人生該怎麼走。

只要你願意動腦，任何災難都不能將你打倒。除非你自己選擇絕望，否則你沒有理由看不見每一處藏在你身邊的希望。

改變想法，就能改變事情的方向

恐懼對事情一點幫助也沒有，只會替自己增添苦惱；克服恐懼的方法，是努力強迫自己朝好的方向去思考。

未知、莫名、詭異的事物總是讓人心生畏懼，讓人失去原本應有的理智。就像塞萬提斯在《唐吉訶德》中所說的：「恐懼的一個效果就是教你感覺錯亂，感覺不到事物的真相。」

人們經常會因爲錯誤的心理作用，把看不見的東西想得很可怕。這也是爲什麼會有這麼多人恐懼黑夜的原因。

黑夜其實一點也不恐怖，但是因爲在一片漆黑之中，我們看不清楚，所以我

們總是把事情往最糟糕的方向想。

一名住在維吉尼亞州的電力工程師，有一天被通知到山區的電塔修理故障。他一大早出發，開了八小時的車才抵達那座山，但是山上的岔路很多，繞了老半天，就是找不到那座電塔，不知不覺的，天色逐漸暗了下來，再一轉眼，已經完全變黑了。

山上的照明設備不佳，幾乎伸手不見五指，工程師安慰自己不要急著找電塔，先找一個可以安身的地方，等天亮以後再說吧。

當他這麼決定以後，抬頭一望，竟然看見在月光照耀之下，不遠處的山頂上有個高高的十字架，正在黑暗中閃閃發光。

工程師立刻驅車往十字架的方向開去，等到靠近了，才發現那是一座荒廢的教堂，教堂裡面沒有燈光，就連門也是鎖著的，沒有辦法進去借宿。

不過，工程師還是把車子停在教堂旁邊，安心地睡了個好覺。可能是因為心理作用，他感覺彷彿上帝就在身邊，那一覺睡得又香又甜。

然而，到了早上，當他在一陣蟲鳴鳥叫聲中醒來的時候，簡直快要嚇呆了。他的車子正停在一片墳墓中間，他昨晚所看見的十字架，原來是墳墓上的十字架，所謂的教堂門口，竟是公墓的大門。

哇，這真是太可怕了，還不趕快跑！

一直到工程師遠離那處墓地才想到，還好他昨天以為那片墳墓是教堂，如果他知道那是一片墳墓，就不可能安心睡覺了。

歌德曾經在某篇敘事詩中寫道：「**恐懼和憂愁很容易侵蝕人心，我覺得它們比災難本身還更加可憎。**」

恐懼的情緒一旦產生，便會讓人怯懦，對自己失去信心。

一個人如果想要活得心安，一定要常常往高的、光明的地方看；若是一直看著黑暗或低下的地方，很可能就會時時刻刻都寢食難安。

恐懼對事情一點幫助也沒有，只會替自己增添苦惱，唯一克服恐懼的方法，是努力強迫自己朝好的方向去思考。

當你覺得害怕憂慮的時候，就祈禱吧。作家齊克果曾說：「祈禱不能改變上帝，但可以改變祈禱者本身。」

改變想法就能改變事情的發展方向，當你一心一意祈求你想要的結果，你自然就會忘卻那些不希望面對的事情。

只要不再胡思亂想，那麼你的心裡想些什麼，就能得到些什麼。

快樂，是自己的選擇

快樂其實是會傳染的。只要你表現出快樂的樣子，身邊的人必定也能夠感受到你的快樂，變得和你一樣快樂。

人們經常有的一個錯誤想法，就是「快樂是很不容易得到的東西」，因為厭倦了不快樂，不少人到處尋找快樂，結果只是讓自己更加不快樂。

對不快樂的人來說，快樂的確很不容易得到。

那是因為，有些人把「不快樂」視為一種堅持，或者把它變成一種習慣，不管在任何情況之下，都已經先打定了主意要不快樂，所以自然也看不見那些能夠令自己快樂的東西。

這是一個真實的故事。美國加州有一位六歲的小女孩，有一天突然間收到了一名陌生人給她的四萬美元現款。

這個陌生人是她的遠房親戚嗎？還是她不為人知的親生父親？

不，都不是。這個陌生人只是她無意中在路上遇見的一個人，他們素昧平生，之後也不曾再見。

那麼，為什麼這名陌生人要給她這麼一大筆錢呢？

小女孩努力回想，終於想起來。那一天，她在家門前玩耍，一個中年男人走過，她對他笑了笑，就這樣而已。

「那麼，當時對方有沒有說些什麼呢？」小女孩的家人繼續追問。

小女孩認真地想了老半天，才說：「我記得那個人好像說了一句，『妳那天使般的笑容，化解了我多年的苦悶。』爸爸，什麼是苦悶啊？」

這件事被電視新聞報導出來以後，記者循線找到了那位送錢給小女孩的陌生人。原來，那個人是一名富翁，但是卻一直過得很不快樂。

因為他心裡覺得鬱悶，所以臉上的表情也一直都非常冷酷。因為他臉上的表情嚴肅，所以見了他的人也都不敢輕易對他露出微笑。

一直到遇見這個小女孩，她真誠的笑容才讓他不由自主地感到溫暖，他已經很久沒有感受過那樣的感覺了。

他決定要好好的謝謝那位小女孩。四萬美元，正是他對那時候他擁有的感覺定出的價格！

古希臘哲學家伊比鳩魯的著作殘篇中留下這麼一句名言：「無限的和有限的時間都有同等的快樂，只要一個人以理性來衡量這種快樂。」

快不快樂，其實只是一種選擇。現實生活中，有些人選擇不快樂，所以必須花錢買快樂；有些人之所以活得很快樂，正是因爲他們對快樂的要求沒有那麼高，只要一顆甜甜的糖果、一個關懷的眼神、一聲慰問、一抹微笑，就已經足夠令他們感到快樂。

更難得的是，這些人通常也具備了讓別人快樂的能力。

因為，快樂其實是會傳染的。只要你表現出快樂的樣子，身邊的人必定也能夠感受到你的快樂，變得和你一樣快樂。

快樂其實只是一種選擇，快樂的人看見別人的快樂，便能從中感受到更多的快樂；不快樂的人看見別人的快樂，卻只會聯想到自己有多麼悲慘。

與其苦惱，不如動腦思考

何必為曾經遭遇的不幸憾恨？何必為眼前的生活苦惱？我們該做的是動腦思考如何面對現在，而不是用過去埋葬自己的未來。

我們經常有的一個錯誤想法，就是「我們應該要活得出色、活得精采，才不虛此生」。正因爲太刻意追求，大多數人的一生便在苦惱中騷動。

人生旅程裡，絕大多數人都汲汲營營追求成功、幸福、圓滿，但試問有多少人眞的可以平平靜靜、無風無雨走完一生？

小李的隔壁搬來了一個七十多歲的老人。

聽說，這位老人一生的經歷相當坎坷，年輕時由於戰亂，不幸失去了所有親人，後來又在空襲中丟了一條腿；好不容易否極泰來，生活安定一點以後，他的妻子卻因病去世，留下一個嗷嗷待哺的兒子給他。

他千辛萬苦栽培兒子上到大學，以為從此可以過得比較輕鬆自在，但和他相依為命的兒子又喪生於一場車禍當中。

然而，這名老人的臉上並沒有流露出一絲怨天尤人的滄桑，相反的，顯得既慈祥又爽朗，看起來就和大家的祖父沒有兩樣。

終於有一天，小李忍不住好奇，開口請教老人說：「您受了那麼多的苦難和不幸，可是為什麼你看起來一點也不悲傷呢？」

老人聽了這話無言以對，過了好一會兒，才從地上拾起一片飄零的落葉，放到小李的手中。

「你看，它像什麼？」

那是一片枯黃的葉子，按照它的形狀和特徵來看，應該是白楊樹葉，可是，它到底像什麼呢？

「你覺得它的形狀像不像一顆心？」老人提示他。

沒錯，這片葉子的形狀的確很像一顆心。小李的心頭微微一顫。

「你再看看它上頭有著些什麼？」

小李仔細地看了看，那片心形的葉子上有著許多大小不等的孔洞，密密麻麻，各式各樣，但是卻一點也不影響葉子的形狀。

這時，老人嘆了一口氣，緩緩地說：「這片葉子活著的時候雖然受蟲咬石擊，以致千瘡百孔，但是它並沒有凋零，依然按照自己的時間表，走完了它的一生。它之所以能享盡天年，完全是因為它對陽光、泥土、雨露充滿了熱情，對自己的生命充滿了熱愛，不管多苦，都堅持要活下去，相比之下，那些打擊又算得了什麼呢？」

悲歡離合本是生命的自然定律，悲喜循環本是人生的規則。

大多數人的人生，都注定會是坑坑巴巴的，與其一廂情願地去追求那些不屬於自己的幸福快樂，不如勇敢接受生命的原貌，讓自己即使活得不夠精采出色，

至少也能活出生命的甘苦悲歡。

那些辛酸點滴，未必會讓我們過得比別人好，但是卻會讓我們比別人對人生有更多更深刻的體會。

就算最終我們失去了所有，但至少，我們沒有白白走過這一遭。

何必爲曾經遭遇的不幸憾恨？何必爲眼前的生活苦惱？我們該做的是動腦思考如何面對現在，而不是用過去埋葬自己的未來。

懂得向對手學習，才能超越自己

人生難免會遇上挫折，若一味怨天尤人，不思尋改善良方，放任現況膠著，其實只是離成功愈來愈遠。

獲得成功的途徑有很多，但是否採取正確的方法往往才是關鍵。學習他人長處可以少走點冤枉路，或許還可因此獲得一同砥礪的夥伴。

既然自己的方法無法讓你出類拔萃，那麼何不嘗試用別人的方法呢？向對手學習，不是示弱的表現，而是一種虛心求教的美德。

有個人經過一座碼頭，看見岸邊有一群人在釣魚，便好奇地走近觀看，發現其中有一個釣桶滿滿都是魚。

那個釣桶是一名老頭的。只見那名老頭動作熟練地從水中拉起線，摘下釣勾上的魚，然後把魚丟到桶子裡，又把線拋回水裡。他的動作沒有一絲猶豫，俐落得像是知道魚一定會上鉤，所以一點也不會感到懷疑。

這個人環顧四周，發現不遠的地方還有七個人在釣魚。每當老頭從水中拉上一條魚，他們就喃喃抱怨一番，憤憤不平地哀嘆為什麼自己一無所獲。

這個人待在那裡看了半個小時，發現這期間老頭兒不斷地拉線、收線，把釣上來的魚扔進桶子裡，那七個人卻一條魚也沒有釣到，儘管他們只杵在離老頭不到十公尺遠的地方。

於是，他仔細觀察了一下老頭之所以百發百中的秘訣，注意到老頭其實也沒有天大的本事，只是在釣鉤上比別人多放一塊誘餌而已。

最令人感到不解的不是老頭的簡單智慧，而是他發現，旁邊的那一群人明明很容易就看見老頭用最簡單的方法獲得最大效益的，但是卻不願意學習，只會在一旁抱怨！

這些人的心態真是讓人想不通！

遇到優秀的對手，心生嫉妒是很正常的。很多人都有酸葡萄心理，明明心裡非常想取得和對手一樣的成績，表面卻仍擺出一副「哼，我才不想像他一樣」的模樣。說穿了，只是自欺欺人罷了。

人生難免會遇上挫折，若一味怨天尤人，不思尋改善良方，放任現況膠著，其實只是離成功愈來愈遠，到頭來吃虧的仍是自己。

向對手學習，或許不能超越對手，但至少可以幫助你超越從前的自己。

換一種方式看待人事物

曾經愛過的人、曾經付出過感情珍惜的東西，永遠都不會消失。只是，你必須要換一種方式去看，你必須要換一種心情去愛。

人們經常有的一個錯誤迷思，就是「看不見，就等於失去」，也因爲如此，才常常爲逝去的事物或無法挽回的事情苦惱不已。

事實上，人生無常，根本沒有什麼東西會永遠屬於我們，眞正屬於我們的，其實只有回憶而已。

慧能小和尚最喜歡的小金魚死了，坐在寺廟的院子裡，悶悶不樂已經有好多

天了。師父見狀，沒有多說什麼，只是帶著他走出寺門。

寺門外，風景秀麗。師父找了一塊石頭坐了下來，看著眼前清新的綠芽，斜飛的小鳥，涓流的小河，然後安詳地閉上眼睛打坐，心中空無一物。

小和尚看得有些納悶，不知師父帶他來這裡有什麼用意。

過了中午，師父站了起來，依然不發一語，只是打了一個手勢，示意小和尚跟他回去。來到寺院門口，師父先跨了進去，然後突然轉身關上兩扇木門，把小和尚關在門外。

小和尚不明白師父的意思，獨自坐在門外，心裡感到又疑惑又害怕。

不久，天色慢慢暗了下來，眼前的景色漸漸朦朧。

一直到天色完全黑了，師父才打開寺門，問他說：「外邊怎麼樣了呢？」

「外面已經全黑了。」小和尚回答。

師父接著問：「除了黑之外，還有什麼嗎？」

「什麼也沒有了。」小和尚又回答。

「不，怎麼會什麼都沒有呢？外邊還有清風、綠草、鮮花、小鳥，一切都還

在，只是你的眼睛暫時被黑夜籠罩住罷了。」

小和尚這才豁然開朗，幾天來掩蓋在心頭的陰霾一掃而空。

很多人爲了失去親人、遺失心愛的東西感到悲傷，甚至悲痛萬分，這種情緒在所難免，但悲傷並不能改變事實，若是持續了很長一段時間仍無法平復，那麼所流的就都是一些不必要的眼淚。

當你睜開眼睛的時候，你看不見，你就以爲自己失去了一切。但若你願意靜下心來，閉上眼睛，你便會發現，你心愛的人、心愛的東西又再次回到你眼前。回憶還在，你依舊還看得見。

曾經愛過的人、曾經付出過感情珍惜的東西，永遠都不會消失。只是，你必須要換一種方式去看，你必須要換一種心情去愛。

02

多嘗試，就一定能找到出路

如果你不知道自己什麼事情做得好，
什麼時候做不好，
那麼不妨就學無頭蒼蠅一樣，
多方面嘗試，不要為自己設定界線。

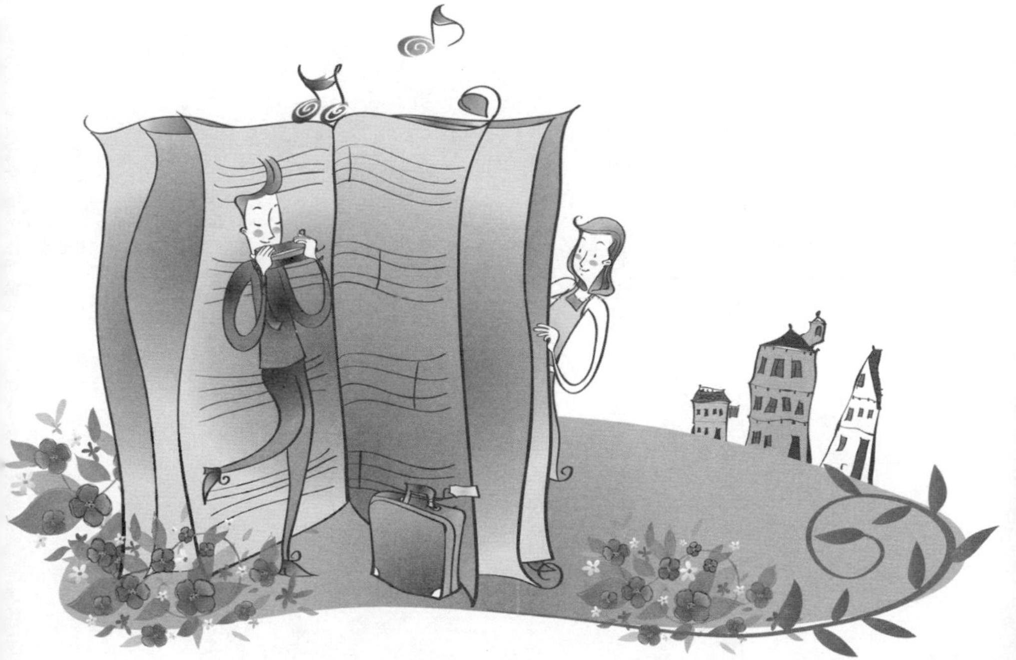

放棄就等於失去競爭力

通往成功的路上未必是一片坦途。不放棄，未必會成功；但是放棄了，就一定不會成功。

詩人朗費羅曾寫道：「失敗可能是變相的勝利，低潮就是高潮的開始。」眞正的強者不會向失敗低頭，而會再接再厲，勇敢向困難挑戰。

一個成功的人，什麼事都可以做，什麼虧都可以吃，什麼路都可以選，但是他們的字典裡，從來沒有「放棄」這兩個字。

戴維斯是世界一流的保險推銷大師。

在他的退休大會上，許多同行都問他：「推銷保險的秘訣是什麼？要怎麼樣才能像你這麼成功呢？」

對於這個問題，戴維斯早有準備。他命人抬出一座鐵馬，鐵馬下面垂著一個大鐵球，這顆鐵球看起來十分沉重，需要出動四名彪形大漢才扛得動。

當鐵馬被放到講台上之後，戴維斯手持一個小鐵鎚，朝大鐵球敲了一下，大鐵球一動也沒有動；戴維斯又敲了一下，大鐵球還是不動。就這樣，戴維斯一句話也沒有說，只是一下接著一下地敲著鐵球。

十分鐘過去了，大鐵球文風不動；二十分鐘過去了，大鐵球依然不動如山。底下的來賓開始有些騷動了，部分的人開始悄悄離場，越到後來，走掉的人越多，到最後只剩下零星幾個人。

但是，戴維斯拿著鐵鎚的手沒有停過，依舊全神貫注地繼續敲著大鐵球。

大約一個小時以後，大鐵球終於開始慢慢地晃動了，隨著戴維斯一下又一下的敲擊，鐵球搖晃的幅度越來越大，到後來就算有人想讓大鐵球立刻停下來，恐怕也很不容易！

這時，戴維斯才以堅定無比的口氣對台下的來賓說：「我成功的秘訣，就是只要方向對了，就絕不放棄，一直到取得成功為止。」

通往成功的路上未必是一片坦途。

麥可喬丹曾經被高中籃球校隊拒絕過；海明威據說修改了《老人與海》這部小說八十次，才將它付梓；理查胡克花了七年的時間寫出詼諧戰爭小說《外科醫生》，並且一共遭受過二十一家出版商拒絕……

但是，無論遭遇多少挫敗，他們都仍然堅持去做他們認爲自己應該做的事，所以他們的努力最後都得到了美好的回報。

不放棄，未必就一定會成功；但是放棄了，就一定不會成功。放棄就等於失去競爭力，你是要放棄，還是不放棄？

機會要靠自己努力爭取

機會要靠自己爭取，只要你願意冷靜思考，願意振作努力，每個人都可以有第二次機會。

成功並非偶然，挫折卻是人生的必然，遇上挫折之時唯一該做的是動腦突破困境，不是坐困愁城。

機會要靠自己努力爭取，一味沉浸在失敗的情緒中，只會讓自己進退失據，失去奮發向上動力。

希爾曼唸科羅拉多大學法律系一年級時，慘遭學校退學。

系主任說，希爾曼的成績太差，實在沒有資格再繼續做他們系上的學生。

希爾曼的父親親自去拜訪院長，但是院長卻回答說：「希爾曼的品性不壞，但是他不可能成為一名律師。我建議他最好早點改行，或是乾脆留在他周末打工的那個雜貨店裡工作。」

希爾曼也親自寫了封信給系主任，希望系主任能夠再給他一次機會，但是音訊全無。生平第一次，希爾曼感到如此茫然。

他的求學之路一向順遂，也因此，上了大學之後，花了太多時間在打工和運動上面，根本沒有時間讀書，導致功課一落千丈，唯一表現突出的，只有體育課、西班牙語課，和一些團康課程。

希爾曼的父親知道兒子的志願就是要成為一名律師，建議希爾曼不妨改去上威斯敏斯特法律學院，那兒有開設夜間部課程。

雖然父親的提議對於目前的希爾曼來說不失為一盞明燈，但是他卻強烈覺得自尊心掃地。他原本讀的科羅拉多大學在法律界極負盛名，從那裡畢業的學生，幾乎後腳都還沒有跨出校門，前腳就已經踏入知名律師事務所的大門。

至於威斯敏斯特則是一所窮人學校，不僅教課的老師大都是來兼差的客座教授，就連來上課的學生也泰半是白天工作的兼職學生。在那樣的學校讀書，將來能有什麼好出路呢？

但是，無路可退的希爾曼最終還是硬著頭皮去見威斯敏斯特學院的校長。

令他感到意外的是，校長並沒有敞開雙手歡迎他這個被名校趕出來的退學生，相反地，校長告訴他說，除非他重新修過一年級的所有課程，否則學校並不歡迎他。校長注視著希爾曼的眼睛，嚴厲地對他說：「我將時刻監督你。」

從那一刻起，希爾曼明白這是他唯一的機會了。如果他沒有好好把握這次機會，恐怕就要終生與律師這一行絕緣。

正是懷著這樣的心態，希爾曼在威斯敏斯特學院裡加倍努力學習，並在法律證據研究方面發揮了他的專長。

二十八歲那年，他成了丹佛市最年輕的鄉村法官。之後，他又當選了地方法院法官，接著被總統任命為美國聯邦司法部地方法院法官。

憑著長期以來在法界的出色表現，到退休的時候，他獲得了科羅拉多大學頒發的喬治·諾林獎，以及名譽法學博士的學位。

人們總是在失去機會的時候，才懂得珍惜機會。

然而，機會要靠自己爭取，只要你願意冷靜思考，願意振作努力，每個人都可以有第二次機會。

因此，千萬不要因為一次的失敗而灰心。有時候，失敗是上天給人最好的啓示，讓我們了解要把握每一個擁有的當下。

只要可以從逆境中爬起來，你就一定能夠找到第二次機會！只是，第二次機會往往也都是最後一次機會。如果你還不懂得把握這次機會，那麼就是你自己不再給自己機會！

自負只會阻擋自己進步

當一個人認為自己比別人都高明，人生境界就不可能太高；當一個人沉醉於頭頂上的光環，其實已經忘了怎麼低頭做事。

人最常犯的一個錯誤就是以眼前的景況衡量未來，尤其稍有成就之後，會以爲現在是這樣，以後也一定會是這樣，最後在自負之中迷失。

古希臘哲人埃斯庫羅斯曾經寫道：「人不應該有高傲之心，高傲會開花，結成破滅之果。在收穫的季節裡，會得到止不住的眼淚。」

永遠不要以爲自己是最好的。自負除了阻止你進步之外，沒有其他的價值。即使你站上了世界的最頂端，你也一定要記住，你的頭上還有天空，天空之上，還有太空，你永遠不會是最崇高的。

耶魯大學三百周年校慶之際，全球第二大軟體公司「甲骨文」的行政總裁，也是世界排名第四的富豪艾里森應邀參加典禮。

艾里森上台對畢業生致詞時，出人意表地說：「所有哈佛大學、耶魯大學等名校的師生，都自以為是成功者，其實，你們全都是失敗者！你們以出過比爾·蓋茲這些優秀學生為榮，但比爾·蓋茲並不以在哈佛讀過書為榮。」

此話一出，全場師生聽得目瞪口呆，內心憤怒卻又不知道該怎麼反駁。

但是，艾里森還不肯罷休，繼續接著說：「很多最頂尖的人才非但不以哈佛、耶魯為榮，而且，他們根本就把那種榮耀棄如敝屣。比如說，世界第一首富比爾·蓋茲，中途從哈佛退學；世界第二富豪保爾·艾倫，根本就沒上過大學；世界排名第四的有錢人，就是我艾里森，被耶魯大學開除；世界第八名富豪戴爾，只讀過一年大學。」

「微軟公司的總裁斯蒂夫·鮑爾默在財富榜上大概排在十名以外，他和比爾

·蓋茲是同學，為什麼他們的成就差了一大截呢？因為他讀了一年研究所之後，才戀戀不捨地捨棄了他的學位……」

台下的聽眾聽到這裡，雖然心裡五味雜陳，相當不是滋味，但也不得不認同艾里森所說的並沒有錯。

這時，艾里森轉而開始「安慰」那些自尊心受損的耶魯畢業生：「儘管如此，在座的各位，你們的人生還是充滿希望的。因為你們經過這麼多年的努力學習，終於擊敗了那些能力不如你們的人，贏得了為我們這些人工作的機會。這不就是你們終生所追求的目標嗎？」

艾里森的話也許不動聽，但是卻內含一份苦心。

人總是以自己曾經擁有或目前擁有的東西爲榮，認爲自己出生在一個良好的家庭、畢業於一所有名的大學、服務於一家頗有前景的公司，就一定比別人高貴，或是比別人成功。

然而，這些只是想像，在瞬息萬變的時代，眼前的優勢並無法保障自己一輩

子。當一個人認爲自己比別人都高明時，人生境界就不可能太高；當一個人沉醉於他頭頂上的光環時，其實已經忘了怎麼低頭做事。

身分、名牌、財富……這些東西是許多人汲汲營營追求，認爲值得自己引以爲傲的事物，但是我們要知道，沒有一種身分是全世界最高貴的，沒有一個頭銜是自己可以一輩子受用的。

發揮自己的專才，讓生命更精采

只要能夠在不同的人生階段中達成應該完成的目標，人生就算不非常成功，也一定會十分精采。

往往一個人做得最好的事情，也會是他最喜歡做的事情。

每個人都應該要往自己感興趣的方向去發展，才能發揮自己眞正的才能與天賦。但是，發展興趣不是恣意妄爲、率性而行的事情，而是一件目光長遠、循序漸進的長時間工程，絕非一蹴可幾。

被譽為美國科幻大師的作家艾薩克．阿西莫夫，與人分享他的成功經歷時，寫道：「我決定從化學方面取得哲學博士學位，我做到了；我決定娶一位特別的女孩，我做到了；我決定寫故事，我做到了；之後我決定寫小說，我做到了；再之後，我又決定寫論述科學的書，我也做到了；最後，我決定要成為一位反映時代的作家，我確實成了這樣一個人。」

艾薩克·阿西莫夫的字裡行間充滿自信，因為他的確擁有與他的自信相匹配的實力。你或許沒有看過他的作品，但是你一定曾經聽過「知識就是力量」這句出自他口中的至理名言。

這位生物化學副教授曾經日以繼夜地在波士頓大學的實驗室裡工作，但是，他對打字機的喜愛卻多過於顯微鏡。

回憶往事時，他這麼說：「有一天，我突然明白，我絕不會成為一個第一流的科學家，但是我可能成為一個第一流的作家。所以我決定，我要專心去做我能夠做得最好的事情。」

打從那一天起，他以驚人的速度不停地寫作，不停地寫……他的大腦和雙手一樣，幾乎沒有片刻停歇。

他從不休息，一星期有七天總是坐在堆滿了各種各書籍報刊的辦公桌旁，至少打上八小時的字，在他腦海中同時醞釀的創作題材從來不少於三個。他常常只花短短一個星期就寫出一部書，所以他成為了當代一位百科全書式的傑出作家，撼動了整個世界的文壇。

法國哲學家沙特曾經寫道：「如果我不盡力按照自己的意願去生存的話，我總覺得活著是很荒謬的事。」

的確，人必須勇敢做自己，印證自己有多大價值。只有眞正能夠主宰自己生活的人，才能夠徹底發揮自己的專才，讓生命更加精采。

艾薩克·阿西莫夫的成功模式其實很簡單，他在每個階段的人生中都爲自己訂下一個目標，然後想辦法達成這個目標，並且依照自己在每個階段的表現，發掘自己的才能所在，認清自己能將什麼事情做得最好以後，在下個人生階段中全力以赴地去發展那項專長。

艾薩克·阿西莫夫的成功，有很大一部分是建立在他對自己的了解夠多，知

道自己什麼事情做得很好，也設法將它做到最好。

想要像阿西莫一樣成功，我們應該先做好自己在這個階段該做的事，然後才在下一個階段專心發展自己的興趣。

只要能夠在不同的人生階段中達成應該完成的目標，人生就算不非常成功，也一定會十分精采。

沉溺於安逸會讓自己陷入危機

令你感到安全的東西，其實也是最危險的，因為那會讓你忘卻了危險，忘記了自己所處的環境其實危機四伏。

美國勵志作家布魯克斯提醒我：「生活中最大的危機，就在於安於現狀，一點都不想改變。事實證明，不想改變只會讓你越活越煩惱。」

熟悉的事物會讓人沉溺於安逸的情況中，讓人很難有新的進步。想要超越過去的自己，就應該大膽踏出舊有的框界，挑戰陌生的領域。

一家公司正在對新進的業務員進行培訓。

主管在白板上畫了一個圓圈，圓圈中央站著一個人。接著，他在圓圈裡頭加上了一棟房子、一輛汽車和幾個朋友。

然後，他對業務員說：「這是會讓你感覺到舒服的區域，我們把它叫做『舒服區』。在這個圓圈裡，每樣東西對你來說都很熟悉重要，比方說你的房子、你的家庭、你的朋友，你的工作……只要待在這個圈圈裡頭，人們就會覺得安全、自在，遠離危險或爭端。但是，現在誰能告訴我，當你跨出這個圈圈之後，會發生什麼事？」

眾人沉默了一會兒，有一個學員舉手，小聲地說：「會害怕。」

另外一位學員則說：「會做錯事。」

主管聽了，微笑地說：「很好，當你做錯事，你會得到什麼結果呢？」

「會受到懲罰。」一名學員回答。

「得付出代價。」另外一名學員說。

「會從中學到經驗與教訓。」有一名學員回答得很大聲。

主管露出滿意的笑容，回應道：「正是如此，你會從錯誤當中學到很多有價

值的東西。」他繼續說道：「我們必須要離開舒服區，才能讓自己有犯錯的機會，才能學到以前不知道的東西，透過這樣的經驗，將會增長自己的見聞，才能有所進步。」

說著，主管再次轉向白板，在原來圈圈之外畫了一個更大的圓圈，並且在大圈圈裡加上了新的東西，例如更多的朋友、一座更大的房子……等等。

接著，他對業務員說：「如果你老是在自己的舒服區裡頭打轉，不肯踏出來，你就永遠沒辦法進步。只有當你跨出舒服區以後，才能讓自己人生的圓圈擴張變大，才能把自己塑造成一個更優秀的人。」

千萬不要滿足於自己現有的小圈圈，因爲外面的世界總是不斷變化，如果你不懂得隨時擴展自己圓圈，那麼你的小圈圈就會被外在環境壓縮得更小。到時候，你的小圈子便再也容不下車子、房子、朋友……，再也容不下那些令你感到安全的事物。

那時你就會發現，這個世界上根本沒有所謂的「舒服區」，因爲一旦你放心地沉浸於眼前的舒適，很快地你就會開始覺得不舒服。

要知道，令你感到安全的東西，其實也是最危險的，因爲那會讓你忘卻了危險，忘記了自己所處的環境其實危機四伏。

所以，我們應該隨時把自己置身於「舒服區」的邊緣，永遠一腳踩在圈圈內，一腳跨到圈圈外。如此，一方面可以享受自己已經擁有的成就，另外一方面也可以按部就班，有效率、有計劃地向外探索未知的領域。

用夢想代替頹喪

夢想是人類進步的原動力，只要我們有夢想，我們就有了奮鬥的方向，只要方向對了，那麼成功也不遠了。

所有人的改變都有一個共同的出發點，就是他們心中有夢，不管遇上什麼難題，都會想辦法圓夢。

夢想是人類進步的原動力，只要我們有夢想，我們就有了奮鬥的方向，只要肯動腦朝這個方向前進，那麼成功也不遠了。

戴爾是個社會學家，一心以幫助窮人為志。

一天，他奉命來到一座貧窮的小鎮，和當地二十五個靠政府救濟金生活的窮人會面，希望能夠幫助這些人改善生活，脫離貧窮。

當他見到這些窮人，問他們的第一個問題是：「你們有什麼夢想？」

所有人都用怪異的眼神看著戴爾，好像他說的是火星話一樣。

「夢想？我們連吃飯都成問題了，哪還有時間做夢？」一個面黃肌瘦的寡婦沒好氣地回答說。

戴爾笑了笑，耐心地解釋：「夢想和做夢不一樣。不管你們的生活多麼困苦，總會希望得到些什麼，希望自己想像的某件事情可以實現，這就是夢想。」

那名寡婦說：「我還是不知道你所謂的夢想是什麼東西。我現在最想趕走野獸，因為牠們總是想闖進我家咬我的孩子，這算是夢想嗎？」

大夥兒聽了，都笑了起來。戴爾說：「喔！那妳想過什麼辦法沒有？」

寡婦回答說：「我想裝一扇牢固的、可以防禦野獸的新門，這樣我就可以安心地出去工作了。」

「那你們當中有誰會做防獸門嗎？」戴爾對著眾人問。

一個看起來有些狼狽的瘸腿男人說：「很多年前我曾自己做過門，但是現在不知道還會不會做。不過，我想我可以試試。」

戴爾點點頭，繼續問其他人還有些什麼夢想。

一個單親媽媽說：「我想去上課，學習怎麼去當個秘書，可是要是我出門了，就沒有人可以照顧我的四個孩子了。」

「那麼，有誰可以照顧四個孩子？」戴爾問。

一位孤寡的老太太舉手說：「我以前曾經幫我的姊妹帶過孩子，我想帶孩子這件事情難不倒我。」

戴爾於是給那個瘸腿男人一些買材料和工具的費用，並且安排那名單親媽媽去上免費的秘書課程，然後結束了這一次的面談。

一個月以後，戴爾再次來到這座村莊。他看見那名面黃肌瘦的寡婦氣色明顯紅潤了許多，因為家裡有了防獸門，她可以放心地出去種菜；瘸腿男人做的門贏得了眾人的讚賞，每個村民需要木工的時候，都會第一個想起他；單親媽媽在學會電腦文書處理之後，找到了一份足以養活自己和四個孩子的工作；獨居老太太

成了一名職業保姆，不但每天有許多可愛的孩子作伴，也體會到了自力更生的滿足感。

在這個故事中，我們看到兩名勇敢的媽媽爲了養育子女所做的努力，但是我們同時也看到了男人和老太太爲了幫助別人實現夢想而付出的心力。

原來，美夢不一定是要爲自己而做，幫助別人實現他們的夢想，我們一樣也可以得到美夢成眞的快樂。

如果你實在找不到自己的人生目標，或是你已經實現了你全部的夢想，那麼不妨把別人的夢想當成自己的夢想，努力爲別人著想。

幫助別人，能夠讓你感受到自己的價值；只要你肯定了自己的價值，你必定能得到更多實現夢想的滿足。

動動腦，替自己規劃成功進度表

比衝刺更重要的，是佈局；比滿腔熱血更重要的，是冷靜沉著。與其急著看見成果，不如多花點時間完善自己。

如果你想做的事情很多，如果你的夢想很遠大，那麼你不妨先定下自己的志向，列出達成這個志向所要具備的元素，然後一項一項地尋找，一步一步地達成自己的夢想。

一個美國年輕人中學畢業之後，立志做一名優秀的商人。

但是，他並不循著一般人會走的路去唸商學院，而選擇專攻麻省理工學院當中最普通、最基礎的專業機械。因為他不但已經決定要做一名商人，還已經想好了要做一個「賣什麼東西」的商人。

大學畢業之後，這名年輕人又花了三年時間，取得經濟學碩士的學位。這具備了一個商人所應有的知識與素質。

出人意料的是，拿到學位之後，他還是沒有立刻投入商界，而是考取了公務員，到政府部門工作。

在那裡，他認識了很多政府官員，開始建立起自己的人脈網絡，並且在與人交際的過程中，培養自己機敏、幹練和臨危不懼的個性。

在政府部門工作了五年之後，他毅然決然地辭職從商，結果成績斐然。兩年之後，他成立了拉福貿易公司，短短二十年時間，拉福貿易公司的資產從最初的二十萬美元進展到兩億美元。

這家公司的老闆，正是美國知名企業家比爾·拉福。

從比爾·拉福的身上，我們可以看到，成功的人一定是個深謀遠慮的人。比

爾．拉福並不急於達成目標、完成夢想，相反地，他先花很多時間充實自己，讓自己具有足夠的能力，然後才全力朝夢想衝刺。

每個人都有自己的成功時間表，有的人少年得志，有的人大器晚成，每個人成功的時間都不一樣，但是不急於一時的人，總是能獲得更大的成功。

通往成功的路上，比衝刺更重要的，是佈局；比滿腔熱血更重要的，是冷靜沉著。與其急著看見成果，不如先動動腦想想自己的人生藍圖，替自己規劃成功進度表，多花點時間完善自己，這麼做也許這會延遲你成功的時刻，但是也會相對地延長你成功的時間。

多嘗試，就一定能找到出路

如果你不知道自己什麼事情做得好，什麼時候做不好，那麼不妨就學無頭蒼蠅一樣，多方面嘗試，不要為自己設定界線。

奮鬥的過程中，人難免會有茫然無措，覺得自己像隻無頭蒼蠅的時候。

然而，只要能夠記取經驗和教訓，有時做隻無頭蒼蠅其實也沒有什麼不好。

如果你不能確定什麼事情該做，什麼事情不該做，如果你不知道自己什麼事情做得好，什麼時候做不好，那麼不妨就學無頭蒼蠅一樣，多方面嘗試，不要爲自己設定界線。

美國康奈爾大學的威克教授曾經做過一個實驗，把幾隻蜜蜂放進一個平放的瓶子裡，瓶口敞開卻向著黑暗，瓶底則向著有光的一方。

只見蜜蜂們不停地向著光亮的地方飛動，然後不斷撞向玻璃瓶壁。最後，牠們飛得精疲力竭，卻依然還是沒有辦法從瓶底飛出去。於是牠們奄奄一息地停留在光亮處，不肯再做任何努力，也沒有想過其他的可能。

威克教授接著倒出蜜蜂，在相同的條件下，在瓶子裡放進幾隻蒼蠅。才幾分鐘的時間，瓶子裡的蒼蠅飛得一隻也不剩。

理由很簡單，蒼蠅不像蜜蜂一樣執意往光亮處飛行，牠們會多方嘗試，向上、向下、向光、背光，只要試過以後發現行不通，就會立刻改變方向。

雖然牠們必須經歷許多次錯誤與失敗，但是牠們最終還是會找到出口，用自己不懈的努力改變了原本可能會像蜜蜂一樣的命運。

德國作家哈格多斯曾經寫道：「想要成功嗎？秘訣很簡單，那就是不要害怕失敗，不論失敗幾次，都要繼續嘗試。」

人生最重要的是多方嘗試，多爲自己留下一些失敗的空間，多爲自己爭取一些失敗的機會。當你失敗越多次，就會漸漸明白自己「不適合」做某些事，便會知道自己「適合」做哪些事。

不是每個人都能夠很早就確定自己的人生道路該往哪個方向前進，若是你的志向還不夠堅定，那麼你或許應該要從「不執著」開始學起。

改變心態，事情自然變得簡單

面對困難最好的方法，就是把事情想得容易一些。再怎麼複雜的事情，只要分解成一個個簡單的步驟，就一定可以做到！

作家黛恩曾在書中說：「事情成敗往往由心境決定，不是由智商決定，只有懂得改變心境的人才能改變人生，獲得自己想要的成就。」

確實，事情的難易程度，很多時候都源自我們的認知。心態可以決定一切，只要心態穩定，事情自然變得簡單。

從前有一個村落，距離京城足足有兩百里路，當地居民必須徒步走上一整天

才能到達京城。偏偏這個村落的水質甘美，國王每天都指定要喝這裡的水，因此，居民們也必須天天都走兩百里路，不辭辛勞地把泉水運到京城。

久而久之，這裡的居民感到非常疲憊，厭倦了每天都必須長途跋涉兩百里路，更厭倦把自己大半的生命浪費在運送泉水這種無聊的工作上，於是，村民一個接一個遷徙到別處居住，越來越少人願意留在村子裡。

村長知道居民的想法之後，為了防止人口繼續外移，於是想出了一個好辦法。這天，他召集全村村民，對大家說：「各位的辛勞我都知道，國王也對大家的付出感激不盡，為了讓大家繼續快樂地生活在這裡，我會去請求國王，讓他把到京城的兩百里路縮短為一百二十里，這樣的話，你們每天往返京城就可以少走一點路，不是很好嗎？」

村民們聽了這個消息，都感到非常高興。雖然他們每天仍要花一樣多的時間走路，雖然他們走的還是和從前一樣的那條路，但是他們都十分慶幸自己現在只需要走一百二十里路呢！

先別嘲笑村長的餿主意和村民「驚人」的智力，很多時候，人需要的就是這種欺騙自己的智慧。

同樣的距離，如果你告訴自己那是兩百里路，就會覺得路途遙遠，連多走一步都有心無力。但是，倘若你把它想成只有一百二十里路，不知爲何，便有了隨時出發的勇氣。

感覺疲累的時候，告訴自己只要再多努力五分鐘就好。撐不下去的時候，告訴自己還差一小步而已。面對挑戰的時候，在心中默唸這根本不算什麼。懷疑自己目標的時候，對自己說距離只有一百二十里路而已。

面對困難最好的方法，就是把事情想得容易一些。天下無難事，再怎麼複雜的事情，只要把它分解成一個個簡單的步驟，你就一定可以做到！

03 態度決定一個人的高度

要擁有正確的工作態度並不難，
只須多動腦想一想，
要求別人少一點，要求自己多一點，
並努力把每一件事都做到最好。

熱情可以創造奇蹟

付出會帶來快樂與滿足，要從中找到樂趣，進而熱愛自己的任務，相信不僅提高工作效率，也減輕不少疲勞。

美國名作家凱斯哈維爾（Keith Harrell）在他的著作中寫道：「要培養正確的態度，首先必須先找出人生目標與熱情。沒有目標與熱情，很容易就迷失了方向，深陷於困境中。」

要擁有正確的態度其實並不難，只要從事的是眞心願意的事，只要清楚了解自己的目標與方向，自然會竭盡所能全心全力地付出。

為了進行人類第一次登陸太空的壯舉，蘇聯太空總署於一九六〇年三月開始招募太空人，招募期間，一共有二十多名宇太空人參加受訓，不過，他們最後挑中了加加林。

有人不禁好奇，究竟是什麼原因讓長官們選擇年輕的加加林，而不選其他更資深更老練的太空人呢？

原因是因為，正式飛行的幾個禮拜前，受訓的太空人第一次看見即將完工的東方號飛船，主設計師問他們誰願意試坐，所有人都有志一同地舉手報名，然後迫不及待進入座艙內一探究竟。

其中，只有加加林進入座艙之前，特地脫下腳上的鞋子，穿著乾淨的襪子走進還沒有裝置艙門的座艙。

這一個小小的舉動令主設計師印象深刻，他看見這名二十七歲的年輕人如此小心翼翼地對待太空船，覺得他一定也會以同樣的心情去執行太空總署授予的任務，因此決定讓加加林負責這次的計劃。

加加林就靠著這個脫鞋的小動作，從此「一飛沖天」，有人說，這正是性格決定命運的最佳寫照。

加加林之所以成功，很大一部份的原因，是因爲他找到了人生的目標與熱情。他眞心想要成爲一名優秀的太空人，所以也懂得珍惜身邊的每一個機會。熱情會創造奇蹟，因爲熱情是一種自發的力量，能夠幫助人集中所有心力，投身於正在進行的事。

付出會帶來快樂與滿足，但若要眞心誠意地付出就不是件容易的事。首先要從中找到樂趣，進而熱愛自己的任務，相信不僅提高工作效率，也減輕不少疲勞。

只要有足夠的熱情，就一定能克服所有困難。只要熱愛自己的工作，自然而然會以良好的表現完全任務。

存好心，能為你化解惡運

當你感慨「好心沒好報」時，不妨換個角度來想：你的好心雖然沒有為你帶來好運，但或許已經為你擋掉了不少惡運！

其實，我們不需要去想做了好事會不會有好報，因爲如果你是一個好人，你怎麼能忍心看著那些需要幫助的人，冷漠地擦身而過？

當你感慨人情反覆、好心沒好報時，不妨用更寬闊的胸襟，換個角度想想。

第二次世界大戰打得如火如荼之時，歐洲盟軍最高統帥艾森豪將軍乘車回總部參加緊急軍事會議。

半路上，艾森豪將軍看見有一對法國老夫婦坐在路邊，凍得渾身發抖，立即命令身旁的翻譯官下車去慰問。

一位參謀急忙提醒他說：「開會時間快到了，這種小事還是交給當地的警方處理吧！」

然而，艾森豪將軍卻堅持說：「現在戶外的氣溫這麼低，而且還飄著雪，要是等警方趕到，這對老夫婦可能早就凍死了！」

原來，這對老夫婦正打算要到巴黎投奔兒子，不料半途車子拋錨了，不知該如何是好，只好坐在路邊等待救援。

艾森豪將軍了解狀況以後，立刻請他們上車，特地繞路將這對老夫婦送到他們兒子的家，才又匆匆忙忙趕回總部。

雖然對艾森豪將軍來說，那只不過是件不足掛齒的小事，但是他的善行卻得到了極大的回報，而且，回報他的人不是那對老夫婦，而是老天爺。

原來，那天德國早已安排了狙擊手埋伏在艾森豪回總部必經之路上，只要等他的車子一經過，敵軍就會展開暗殺行動，如果不是艾森豪將軍為了幫助那對老

夫婦而改變了行車路線，恐怕很難逃過這一劫。

幫助需要幫助的人，是好人的義務，也是好人的天性。有時候，即使明知道幫助別人可能會惹禍上身，但是這些滿腔熱血的好人仍然會本著「寧可錯幫一百，也不願漏掉一個」的精神，慷慨地奉獻自己的力量。

不要問自己「爲什麼要幫助別人」，要問自己「爲什麼不幫助別人」。

當你感慨「好心沒好報」時，不妨換個角度來想：你的好心雖然沒有爲你帶來好運，但或許已經爲你擋掉了不少惡運也不一定啊！

用感恩的心面對人生的每一天

當你覺得自己很不幸的時候，想想那些比你更加不幸的人，你會發現其實沒有什麼好抱怨，也沒有什麼好計較的。

如果你能把每一種機運都當成是「撿到的」，如果你能把遭遇到的煩惱都視爲「禮物」，那麼，你便可以把痛苦看作是「養分」，把逆境當成「人生的一部分」，用一顆感恩的心，化解所有的不平與煩悶。

當你覺得自己很不幸的時候，不妨想想是否把心中的不平誇大了。

美國的魏特利博士是著名的行為學專家，經常到世界各地演講，而且總是馬

不停蹄地一場接著一場。

有一次，他正準備要從一個演講場合搭飛機趕往下一個演講場合。然而，當他抵達機場的時候，飛機艙門已經關了，無論他如何哀求，航空站的人員仍然不願意網開一面讓他登機。魏特利博士別無他法，只好心急如焚地坐在候機室裡，等待下一班飛機。

沒想到，大約一個小時以後，電視新聞傳來一個不幸的消息，剛才起飛的那班飛機，飛行途中因為飛機雙翼的引擎蓋脫落，飛機無法平衡導致墜海，機上乘客全數罹難。

魏特利博士聽到了這個消息之後，十分慶幸自己沒有搭上那班飛機。從那個時候開始，他一直保留著那張過期的機票。只要遇到不順心的事情，他就會將那張泛黃的機票拿出來看一看，告訴自己這條命是撿回來的。

每當想到這裡，他就會覺得心裡所有的不平與怨氣都一掃而空。

正因為他逃過了那一劫，所以他覺得活著的每一天，都格外的珍貴。

的確，我們不知道自己什麼時候會死，所以活著的每一天，都是上天的恩賜，都值得我們好好珍惜。

沒有一種幸福會比「活著」更加幸福，也沒有任何一股力量會比「活著」更有力量。知道嗎？病床上有好多人想活卻活不成，災難中有好多人不想死卻難逃一死，所以我們應該要代替那些人，好好地活出生命的意義。

當你覺得自己很不幸的時候，想想那些比你更加不幸的人，你會發現其實沒有什麼好抱怨，也沒有什麼好計較的。

小處節儉，大處賺錢

有錢人之所以擁有超乎常人的財富，往往是因為能夠做到常人做不到的事，哪怕只是雞毛蒜皮的小事。

法國作家巴爾克曾說：「對於浪費的人，金錢是圓的。可是，對於節儉的人，金錢是扁的，是可以一塊一塊堆積起來的。」

現實生活中，財富當然是衡量一個人成就和幸福指數的標準之一，但是，倘若追求財富的慾望太過強烈，又不知道節儉之道，那麼，許多依靠財富而來的幸福感覺，就會像鰻魚從手中溜走。

有錢人不一定過著揮金如土的生活，更有可能的是，他們比任何人都更知道錢的價值，因此他們比任何人都更懂得善用自己的每一分錢。

一名記者在飯店裡遇到了汽車大王福特及幾名企業家一同共進午餐，那名記者看見福特手裡拿著帳單走向服務員，然後微笑地對服務員說：「小夥子，你看看是不是有一點誤差。」

「怎麼會呢？」服務員充滿自信地回答。

「你再仔細算算看吧。」雖然福特宴請的那幾位企業家已經朝飯店門口走去，但是福特還是很有耐心地站在櫃檯前。

服務員看見福特堅持的樣子，只好承認說：「因為收銀機的零錢準備得很少，所以我多收了您五十美分，我以為像您這麼富有的人應該不會在意。」

「剛好和你以為的相反，我非常在意。」福特義正詞嚴地說。

服務員只好低頭湊出五十美分的零錢，遞到福特手裡。

福特離去之後，服務員一臉不屑地嘀咕道：「現代人真是越有錢越小氣，連五十美分也要省！」

一旁的記者聽見這番抱怨的話，忍不住站出來為福特說話，告訴那名年輕的服務員：「小夥子，你錯了，福特先生絕對是一個慷慨的人。你知道嗎？他剛剛才向慈善機構一次捐出五千美元的善款呢！」說著說著，記者指著報紙上的新聞，證明他所言不假。

「那他為什麼還要當著那麼多朋友的面，跟我計較那區區的五十美分呢？」服務員百思不解。

記者解釋說：「那是因為，他懂得認真對待自己的每一分錢，他重視捐出去的五千美元，同樣也重視辛苦工作得來的五十美分。」

俄國作家高爾基曾說：「假使一個人不在金錢裡埋葬自己，而能理性支配金錢，這對他是榮譽，對於別人也有益處。」

雖然說福特花那麼多時間計較那麼一點點小錢，有點不符合時間成本，但從這件事情可看得出來，他對自己的生活其實控制得相當嚴謹，不允許自己浪費任何一分錢，也不允許別人隨便賺走自己的錢。

他連對金錢都如此謹慎，在工作上自然也容不得任何一點閃失，正是這樣的態度，造就了他的成功。

當我們羨慕有錢人光鮮亮麗的一面時，也應該仔細觀察他們的生活態度，因為有錢人之所以擁有超乎常人的財富，往往是因為能夠做到常人做不到的事，哪怕只是雞毛蒜皮的小事。

態度決定一個人的高度

要擁有正確的工作態度並不難，只須多動腦想一想，要求別人少一點，要求自己多一點，並努力把每一件事都做到最好。

許多成功大師都強調：「態度是學歷、經驗之外，人格特質的總和。」態度決定一切，一個人成功與否，關鍵在於他肯不肯付出、肯不肯學習、肯不肯接受鞭策。只要態度對了，那麼做事就很難出錯；只要事情不做錯，成功便指日可待。

話說小王和小李同時去應徵一個會計的職位。由於小王的學歷和相關工作經

歷都比較優秀，因此對於這次機會，認為自己勝券在握。

面試的時候，公司主管分別問了幾個問題，小王都能有條不紊地作答，反倒是小李，不管多麼簡單的問題，總是回答得七零八落，聽得連旁邊的小王都忍不住替他感到汗顏了！

面試之後，主管拿出一堆帳本，要他們兩個統計一下某個項目的年度收支情況。這對小王來說簡單得不得了，三兩下就完成了任務，而且還細心地反覆檢查好幾遍。小李的動作雖然很慢，但是一個小時之後，也把工作完成了。他倆於是拿著自己的「考試卷」去面見總經理。

結果出乎小王意料之外，他居然落選，而小李居然被選上了！

怎麼會這樣呢？是不是公司搞錯了啊？

小王懷著又驚訝又慌張的心情追問面試主管。只見主管回答：「因為你沒有做月末統計，而小李不但做了，還做了季末統計。」

「可是……你叫我們做的不是年度統計嗎？」小王激動地反駁。

主管笑著說：「是啊，我只叫你們做年度統計，但是年度統計的數據應該從

每月合計中得到，不是嗎？這雖然不是什麼大學問，但卻是做會計應該有的嚴謹態度，這也是我們為什麼選擇小李的原因。」

《柯斯美國商業報導》曾做過一項調查，發現五百大企業的主管中，有百分之九十四的人將他們的成功，歸因於正確積極的工作態度。

要擁有正確的工作態度並不難，只須多動腦想一想，要求別人少一點，要求自己多一點；衷心地喜歡自己的工作，並努力把每一件事都做到最好，基本上已經成功一大半！

很多時候，事情做對還不夠，還要想一想：當中有沒有什麼暗藏的錯誤？事情做完還不夠，要問自己：還有沒有可能做得更多更好？

做好小事，成就大事

為自己工作的人，能從工作當中發現自己的價值；為報酬工作的人，除了獲得金錢之外，什麼也無法擁有。

英國作家卡萊爾曾說：「對一個人來說，在這個世界上的首要問題，就是找對自己應該做的工作。」

想要得到自己渴望的工作，就不能小看工作的份量。想要讓自己勝任愉快，樂在其中，就應把每件大事都看做是小事，而把每件小事都當成大事來做。

有一個商場招聘收銀員，經過嚴格篩選，最後只有三位小姐參加複試。

複試由商場總經理親自主持，第一位小姐走進總經理辦公室時，總經理二話不說，便從口袋裡拿出一張一百元的鈔票，請這位小姐到樓下去替他買包煙。這位小姐覺得自己還沒有成為正式員工，就要受總經理的差遣，而且還被指派這些雞毛蒜皮的小事，將來的工作一定也會有很多不合理的要求，所以乾脆拒絕了總經理，很瀟灑地離開了這間商場。

接著，第二位小姐來到辦公室，總經理同樣也拿出了一張一百元的鈔票，請她去買一包香煙。

這位小姐心裡雖然不太情願，但是很希望得到這份工作，便很乖巧地答應了總經理的要求。可是，到樓下買香煙時，收銀的店員卻告訴她這張百元鈔票是假的，這位小姐不好意思告知總經理這件事情，只好自掏腰包買了一包煙，又把找來的零錢全部交給總經理，對假鈔的事隻字未提。

輪到第三位小姐時，也同樣被要求去買香煙。但她接過總經理拿給她的百元鈔票時，並沒有轉身就走，而是仔細地看了看鈔票。

經過這仔細一看，她馬上就發現這張鈔票不太對勁，於是要求總經理另外再

給她一張鈔票。

總經理笑了笑，收回那張假鈔，並宣佈這位小姐被錄用了。

第一個小姐並不是眞心想要得到這份工作，所以一被要求做她不想做的事，便立刻宣佈放棄。第二個小姐雖然態度表現良好，可是不夠細心，也不夠誠實，不符合擔任收銀員的條件。

只有第三個小姐具備合格的工作態度與良好能力，所以她雀屏中選。收銀這份工作看似簡單，實際上卻不是每個人都能做。事實上，每份工作都是一門深奧的學問，需要用心對待，才能做到最好。

爲自己工作的人，能從工作當中發現自己的價値；爲報酬工作的人，除了獲得金錢之外，什麼也無法擁有。

堅持細節，才能成就完美

不要做到差不多好，而要做到非常好。不要做到幾乎都對，而要做到完全都對，唯有堅持細節，才能成就完美。

細節影響品質，細節呈現個性；細節顯示差異，細節決定成敗。

《贏在小細節》一書中曾提到：「『細節』，也就是細小的環節或情節。因為細小，人們常常不自覺地忽視了它；也往往因為時間、精力有限而顧不了細節；更有一些人急功近利、好高騖遠而對細節不屑一顧。」

無論生活中還是工作中，願意把小事做細的人最終才能脫穎而出。要成功，就必須改變心浮氣躁、淺嘗輒止的毛病，提倡一絲不苟、注重細節的作風，把大

事做細，把小事做好。

有個人去拜訪雕塑家朋友，來到朋友家中，不禁覺得奇怪，因為從上個禮拜前來拜訪到現在，雕塑家的工作室裡擺著的都是同一個作品，他花了一整個禮拜的時間工作，作品看起來卻一點進展也沒有，究竟他都在忙什麼？

雕塑家向他解釋道：「別看我這個作品看起來好像沒有太大的改變，我可是花了不少功夫在這個地方潤了潤色，使這兒變得更加光彩些，然後在那個地方修了一下，使面部表情更加柔和些，也使那塊肌肉顯得更強健有力；接著，我讓嘴唇的表情更豐富，身體也顯得更有力度。」

「但是你做了這麼多，一般人根本看不太出來啊，你盡改變一些瑣碎之處，外表看起來沒有多大變化啊！」

「是啊，的確是如此，」雕塑家回答道：「但是，你要知道，正是這些細小的地方，才讓整個作品趨於完美，無可挑剔。要讓一件作品的每個小地方都完美，可不是一件小事情啊！那些成就非凡的大師之所以會被人稱為大師，就是因為他們總

是在細微之處用心，在細微之處使力，久而久之，便累積了出神入化的功力。」

成功是由一個個小細節堆成的。那些不顯眼的地方，那些沒有人會注意到的地方，正是決定你有多少競爭力之處。

對待工作，能否充滿責任感、自始至終盡自己最大的努力，這都是事業有成者與事業失敗者的區別。因此，做任何事情，都應力求所有細節都完美無缺。不要做到差不多好，而要做到非常好。不要做到幾乎都對，而要做到完全都對。正所謂「差之毫釐，失之千釐。」

唯有堅持細節，才能成就完美。

只要把每個微小地方都做好，統合起來，就會是巨大的力量。

了解全貌，分工合作才有成效

所謂合作，不是一味迎合別人，而是大家都有共同的信念，充分發揮團結的力量，讓一加一不只等於二，更要大於二。

這個社會凡事都講求分工合作，一個團隊若是能適當地分工合作，可以把三個臭皮匠變成一個諸葛亮。

倘若不當地分工合作，或是團隊的成員分工之時不用腦筋，也可能讓一個和尚挑水喝，兩個和尚抬水喝，三個和尚沒水喝。

有位太太在廚房裡忙了一下午，準備晚上宴客的菜餚。等到她廚房裡的工作

告一段落，轉身打掃客廳時，才想起爐子上的湯忘了加鹽。她看見自己手上已經沾染灰塵，怕會弄髒食物，便想請女兒幫忙。

她叫大女兒替她在湯裡加鹽，大女兒說她正在洗頭髮。她叫二女兒幫忙，二女兒說她正在化妝。她叫三女兒，三女兒說她正在縫裙子。她叫四女兒，四女兒說她正在找她的珍珠項鍊。

這位太太別無他法，只好放下手中的吸塵器，把手清洗乾淨，自己動手往湯裡加了一勺鹽。

過了一會兒，女兒們忙完手邊的事後，想起自己剛才竟然連幫媽媽一個小忙也不肯，不禁感到有些慚愧。

於是，她們一個接一個偷偷溜進廚房，往湯裡加了一勺鹽。結果可想而知，晚餐桌上，客人對桌上的每一道菜都讚不絕口，唯獨對那鍋湯皺眉頭，因為它實在是鹹得不能再鹹了……

分工合作看似是件輕鬆愉快的事，但實踐起來卻未必如想像中那麼容易。如

果不動腦想想工作內容是什麼，又該如何執行，只會把工作越做越糟糕，就像故事中的女兒們把一鍋美味的湯搞砸了。

分工合作的前提，是每個人都知道事情的全貌，並非只有少數幾個人清楚狀況。如此一來，每一個人才能都了解自己的位置，並且在同伴缺席時，順利承擔上對方原本負責的事務。

所謂合作，不是一味迎合別人，也不是對自己的責任敷衍了事，而是大家都有共同的信念，進行腦力激盪之後，把自己負責的部份做到最好，如此方能充分發揮團結的力量，讓一加一不只等於二，更要大於二。

04

以平靜的心境面對困境

真正令人不舒服的，其實不是疼痛本身，
而是人們對疼痛的解讀。
幸運與否，其實不在於人的際遇，
而在於人自己的心境。

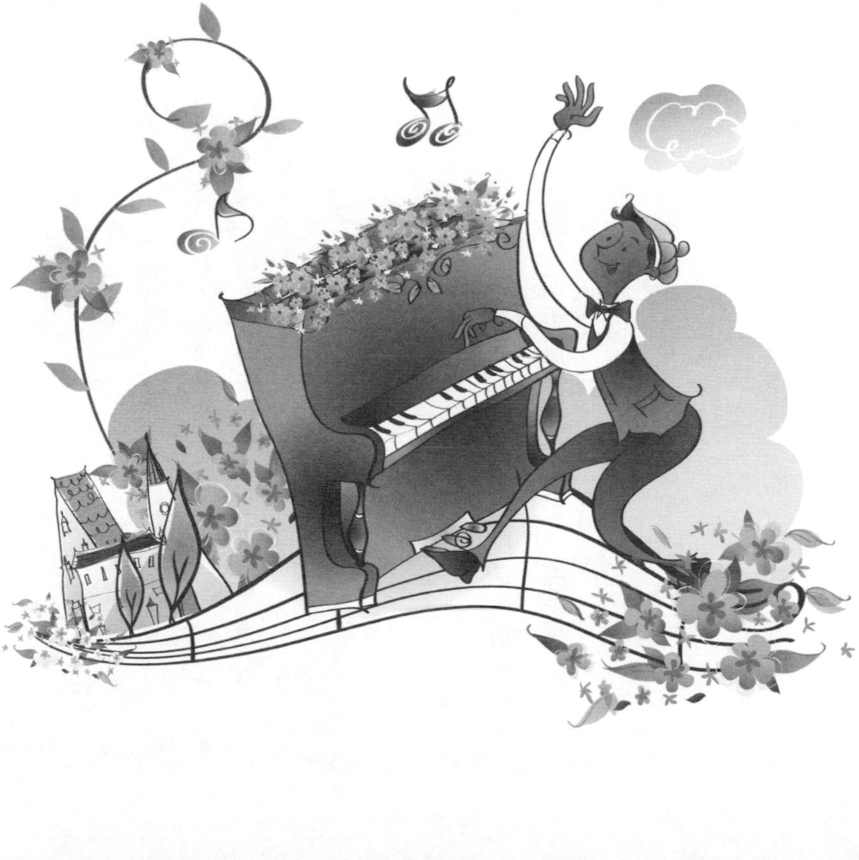

無能為力是因為你還沒出力

人們常常對現實環境感到無能為力，那只是因為你還沒有找到可以使力的地方。只要你停止抱怨，自然就會發現，自己能做的改變還有很多。

人們經常犯的一個錯誤，就是被環境限制，卻不願試著改變環境，只會整天怨東怨西，怪景氣、怪政府、怪鄰居……怪一切可以怪的東西，然後大嘆自己無能爲力。

事實上，所謂的「無能爲力」，只不過是自己根本不想出力。

有個中年郵差，打從二十歲起，就每天往返同一條路，把一封封重要的信件

從這頭送到那頭的村莊裡。二十年過去了，什麼都改變了，唯一不變的是從郵局到村莊的那一條道路，還是一樣的單調，還是一樣的荒涼，觸目所及，沒有一花一草，只有飛揚的塵土。

已經邁入中年的郵差，開始領略生命的可貴，每當他想到自己剩餘的人生也必須騎著車子在這一條毫不美麗的小徑上度過時，心中總不免感到有些悲哀。那麼，為什麼不想想辦法改變這條道路呢？

於是，郵差自掏腰包買了一些花的種子，從那天開始，每當他行經這條道路時，就順手把這些種子撒在往來的路上。

一天、兩天、一星期、兩星期……他持續不間斷地努力著。

幾個月以後，那個荒涼了二十多年的道路旁，竟然開了許多五顏六色的花朵，有的含苞待放，有的爭妍奪目，真是美不勝收。

村莊裡的人看了這番景緻，都說這份禮物比郵差二十多年來送達的任何一封信件都還要令他們開心。

最開心的是郵差本人，現在他每天必須經過的不再是一條佈滿塵土的荒涼道路，而是一條賞心悅目的美麗花街。上班對他而言，也不再是一份無聊的例行公事，而是一種悠然的自在享受。

要改變大環境，確實不容易，但若從小地方著手，其實也不是那麼難。

如果你不能改變辦公室的低氣壓，那麼不妨從自己的辦公桌開始改變起。一盆鮮花、一張相片，也許可以改善你上班時的心情。

如果你不能改變自己的位置，那麼起碼改變自己的姿勢，讓自己在這個位置上坐得比較舒適，這不是比抱怨更有益的方式嗎？

人們常常對現實環境感到無能爲力，那只是因爲你根本不想改變，或是還沒有找到可以使力的地方。只要你停止抱怨，實事求是，你自然就會發現，或許自己能做的改變還有很多。

把身後的門關上，昂首邁向前方

關門不只是把過去的一切拋在腦後，也是讓自己確確實實地揮別過去的自己。不是完全地遺忘過去，而是把過去仔細地整理好。

日本作家武者小路實篤在《人生論》裡說道：「人要盡可能避免過去的錯誤。但是，對於過去的事耿耿於懷，從而背上十字架，是毫無意義的。」想擺脫無謂的苦惱，應該有的一個觀念就是「過去的事情就讓它過去吧，不需要再去回想」。

據說，英國前首相勞合．喬治有一個很特殊的習慣，就是絕對不會忘記隨手

關上身後的門。

有一天，勞合·喬治和朋友到院子裡散步，每當走過一扇門，總是隨手把身後的門關上。

「為什麼要這麼做呢？」朋友感到很納悶，於是問他：「你有必要花力氣去把這些門關上嗎？」

「喔，當然有必要。」喬治笑著說：「我這一生付出最多努力做的事，就是不停地關上我身後的門。要知道，當你關門時，你也將過去的一切都留在後頭，不管那是美好的成就，還是令人懊惱的錯誤，當你把門關上以後，你都可以不必再為它們煩惱，然後，你又可以集中精神，重新開始。難道你不認為這是比打開眼前的門更重要的事嗎？」

或許，喬治正是憑著這種精神，才能一步一步堅毅地走向了成功，踏上了英國首相的位置。

人的潛意識往往比我們以為的還要固執，記性也比我們以為的還要好。過去

的事情也許已經成爲過往的歷史，但仍會停留在我們的深層記憶裡，在我們最沒有防備的時候，冷不防地冒出來扯我們的後腿。

因此，我們應該要養成「隨手關後門」的習慣。關門不只是把過去的一切拋在腦後，也是讓自己確確實實地揮別過去的自己。當然，不是完全地遺忘過去，而是把過去仔細地整理好。

關上身後的門，是決斷，也是省思之後的積極做法。我們不能讓過去就這麼平白無故地過去，而要把過去的經驗仔細思考清楚，記取教訓以後，再關上門，讓它平靜地過去。

以平靜的心境面對困境

真正令人不舒服的，其實不是疼痛本身，而是人們對疼痛的解讀。幸運與否，其實不在於人的際遇，而在於人自己的心境。

人生最常見的苦惱就在於，我們爲了避免讓自己痛若，因此千方百計地想讓自己過得舒服。

然而，逃避痛苦只會自己更加痛苦，眞正能夠讓自己舒服的方式不是避免疼痛，而是敞開心懷，去接受疼痛的感覺，心平氣和地與疼痛共存。

以「超人」一片聞名於世的克斯多弗．里夫，在一九九五年的一次墜馬意外

中受了傷，頸部以下全部癱瘓。

但是，他依然不肯認輸，經過一年的知覺訓練，脊椎末端的神經恢復了知覺。他說，只要輕輕碰它一下，就會出現疼痛的感覺，但是，這種疼痛的感覺令他覺得非常舒服。他補充說道：「請相信我說的全是真的。」

的確，疼痛是一種痛苦，但若這樣的疼痛可以帶給人希望，那又是多麼舒服的一種感受。

人類最可貴的一種智慧，便是將每一種現象賦予意義。

心理學家曾在一九九二年巴塞隆納奧運會田徑比賽場上做過一項研究。他們拍下了二十名銀牌獲獎者和十五名銅牌獲獎者的情緒反應，事後發現，在宣佈比賽結果的那一刻，「第三名」看上去比「第二名」更高興。

心理學家經過更進一步地分析，為這樣的現象提出了解釋。

他們認為，獲得銅牌的人通常不是期望值高的人，能夠獲得銅牌就已經很高興了。但是銀牌得主通常是衝著金牌而來的，雖然他們得到了銀牌，但總不免有些和金牌失之交臂的遺憾。亞軍得主往往會在心裡想：「真可惜，我差一點點就是冠軍了。」但是季軍得主卻會想說：「能夠站上領獎台，真是一種幸運，我差一點點就和名落孫山的第四名沒有兩樣。」

眞正令人不舒服的，其實不是疼痛本身，而是人們對疼痛的解讀。如果你把痛苦當成是痛苦，那麼你當然會覺得痛苦萬分。但是，倘若你只當痛苦是一種不同於平時所感受到的其他感覺，也許你就可以體會到不同於你所認爲痛苦的感受。

幸運與否，其實不在於人的際遇，而在於人自己的心境。

下一次當你感覺痛苦的時候，不妨這麼想——還好，你還有感覺，比起那些失去知覺的人，你的痛苦又算得了什麼呢？

小心你的優點成為致命的缺點

俗話說，「聰明反被聰明誤」正是這個道理。一個人的長處，通常也會是他的弱點。

人們經常有的一個錯誤迷思，就是以爲「會傷害自己的，一定自己以外的人」，正因爲抱持著這種想法，事後才會爲了自己的輕忽懊悔不已。

事實上，朋友傷害你，必須要你自己先給他機會；敵人就算傷害你，也終究是有距離、有限度的。眞正能夠徹底摧毀一個人的，往往是那個人本身。

鱷魚是世界上現存最大的爬行動物，性情非常兇猛。

一旦發現獵物，牠就會無聲無息地游過去，以迅雷不及掩耳的速度將獵物殺死，動作快得令人難以想像。

鱷魚具有可以潛在水下一小時而不被淹死的本領，有助於遇到體形龐大的獵物時，潛在水底與對手進行較長時間的搏鬥。

當鱷魚咬上獵物時，便會不顧獵物的掙扎，不停地在水裡翻滾。很少動物經得起這樣激烈的翻滾，因此只要翻上幾圈或幾十圈，就算再兇猛的動物，也會被折騰得奄奄一息。

鱷魚就靠著這項絕技，得到了天生獵手的稱號。

美國鱷魚專家格林特姆研究鱷魚已經有四十多年的經驗，許多鱷魚的習性都經由他的長期探究而揭露於世人面前。

一天，他發現，有一條鱷魚竟然被湖邊的樹藤勒死了。這個發現，引起了格林特姆極大的興趣。

經過一連串仔細推敲，他判斷這隻鱷魚是在捕食一隻鳥時，一口咬到了樹藤，但是鱷魚以為自己咬到的是鳥，拉扯不動獵物之後，使出了自己的看家本領，不

停地在水中翻滾。只是，牠越是翻滾，長長的樹藤就將牠纏得越緊，最後終於動彈不得，只得束手就擒。

格林特姆根據這個發現，發明了一種捕捉鱷魚的好方法。他用一根穿著魚鉤的絲線來「釣」鱷魚，一旦鱷魚的表皮不小心被魚鉤勾住，便會根據面對敵人的經驗，使出自己的絕技，不停翻轉。

如此一來，牠整個身體很快就會被絲線纏得死死的。再加上鱷魚皮是由好幾層纖維組成的，非常紮實，沒有辦法「金蟬脫殼」，只好任由人類利用牠自己的看家本領，輕易地將牠捉拿到手。

一個人越引以爲傲的長處，通常也會是他致命的弱點。

舉個例子，本領越高強的人，越習慣動不動就施展自己的看家本領。至於他的對手，則未必要具備與他相當的武藝，只需要了解他的習慣與弱點，就等於掌握了他的死穴。

日本知名的「決鬥者」宮本武藏之所以能屢次擊敗強勁的對手，關鍵就在於

決鬥之前徹底摸清對手的習慣和弱點。

或許可以這麼說，一個人最大的敵人通常不是別人，而是自己的習慣，格林特姆捕捉鱷魚的方法不正說明了這點？

一個人的本領或許能夠保護他，但是一個人的習慣卻往往足以出賣他，只要習慣被別人掌握就會任人宰割。

少一分強迫也許會更添失落

成功無疑只是一連串強迫自己的結果。人在被強迫的狀態下，往往都是痛苦的，但這些痛苦也都是讓人成長的養分。

在難關面前，人們往往會產生兩種心態，其中一個是「我做不到」，抱持這樣想法的人永遠不會成功；另一種心態是告訴自己「我再試試看」，有著這想法的人，則往往會創造奇蹟！

其實，難關並不一定如想像中那麼困難，有時只要相信自己就能創造奇蹟，獲得原本認為不可能得到的勝利。

美國有位知名的大學籃球教練，有一年接手擔任一個連輸了十場比賽的大學球隊教練。新教練第一天到任，就對所有隊員說：「過去不等於未來，人生沒有失敗，有的只有暫時停止成功。不管過去大家的成績如何，從今天起都是一個全新的開始。」

雖然教練一席話提升了球員的士氣，但是到了第十一場比賽時，該隊再次落後了對手三十分。

中場休息時，每個球員都垂頭喪氣，一副大勢已去的樣子。

教練於是問他們：「你們要放棄嗎？」

球員的嘴巴雖然回答「不要」，可是失意的表情全寫在臉上。

教練看在眼裡，又繼續說：「各位，假如今天是籃球之神麥克．喬丹，遇到連輸十場，在第十一場又落後三十分的情況，喬丹會放棄嗎？」

「不，他不會放棄！」球員異口同聲地回答。

教練再問：「那麼，假如今天是拳王阿里在場上比賽，被打得鼻青臉腫，但是在比賽終了的鈴聲還沒有響起、比賽還沒有結束的情況下，你們認為拳王阿里

會不會選擇放棄？」

「當然不會！」球員們再次大聲地說。

「好，我再請問各位，換做是美國發明大王愛迪生來打籃球，遇到這種狀況，他會不會放棄？」

「不會！」這次球員們地回答更大聲了。

接著，教練繼續問：「那你們認為米勒會不會放棄呢？」

大夥兒聽到這裡，忽然沉默了下來。隨即有人舉手問道：「米勒是誰？怎麼連聽都沒聽過？」

「是啊，」教練笑了笑，詼諧地說：「你們當然沒有聽過米勒這個名字，因為米勒以前在比賽的時候選擇了放棄，所以從來就沒有人知道他是誰！」

自古以來成功靠強迫，成功無疑只是一連串強迫自己的結果。

沮喪的時候，我們強迫自己要振作起來；傷心的時候，我們強迫自己擦乾眼淚；想偷懶的時候，我們強迫自己不准怠惰；面對難題的時候，我們強迫自己多

動腦；遇到挫折的時候，我們強迫自己向極限挑戰。

人在被強迫的狀態下，往往都是痛苦的，但這些痛苦也都是讓人成長的養分。想要成功的人很多，但是真正成功的人並不光只是「想要」成功而已，他們不會光坐著唉聲嘆氣，會動腦想盡辦法「強迫」自己成功，所以他們都做到了自己原本做不到的事！

逆境是激發潛能的捷徑

人所面臨的困境，其實都是一種幸運，它們告訴我們當處於順境的時候，應該要步步為營，把握住每一個吸收養分的機會。

人們經常有的一個錯誤迷思，就是認爲「不虞匱乏才是幸福」。

事實上，不知道什麼是「匱乏」，沒有親身經歷過「匱乏」的人，就永遠學不會「珍惜」，也不會成長。

古羅馬思想家塞涅卡曾說：「偉人在困境中得到的歡樂，就如同英勇的士兵從戰鬥勝利中獲得喜悅一樣。」

逆境能夠促進一個人勤勞奮發，能夠使一個人發憤圖強，自力更生，激發出自己尚未開發的潛能。

一家動物園裡，來了一個餵河馬的年輕飼養員。

年輕飼養員第一天到任，老飼養員就再三告誡他說，不要餵河馬過多的食物，不要怕牠餓著，以免牠長不大。

年輕飼養員聽了這話，感到十分不以為然，心想這是什麼謬論？他們的工作職責，不就是要確保每一隻河馬都能夠吃飽嗎？豈有讓河馬餓著的道理？這分明是老飼養員自己想要偷懶，又擔心被人舉發，所以才編出來唬弄他的。

因此，年輕飼養員決定按照自己的意思行事，只要有空，就會不厭其煩地替他負責的河馬補充食物。他養的河馬每一隻都吃得又飽又胖，遊客們見了，都忍不住讚美一番。

然而，兩個月以後，年輕飼養員發現，他養的河馬真的沒有長大多少，反倒是老飼養員不怎麼餵的那一群河馬，卻長得飛快。

這究竟是為什麼呢？可能是因為河馬本身的體質不同吧？

老飼養員沒有多說什麼，只是跟他交換來養。

不久，老飼養員的那批河馬，又超越了他餵養的那一群。年輕飼養員感到非常疑惑，終於忍不住開口向前輩請教。

這時，老飼養員才向他解釋箇中的玄機：「你餵的那群河馬，因為不缺食物，所以不把食物當一回事，他們是用嘴巴在吃，而不是用整個身體在吃，當然長不大。反倒是我養的河馬，因為長期處於食物缺乏的狀態下。因此，只要有吃的，牠們就會十分珍惜，用盡全身的力量去吸收食物中的養分，自然會長得又快又壯。所以說，不給牠們食物不是對牠們殘忍，只是要讓牠們學會珍惜。珍惜不只是一種正常的心理現象，更是一種激發潛力的捷徑。」

法國文豪巴爾札克曾說：「困境是天才的進身之階，信徒的洗腳之水，能人的無價之寶，弱者的無底深淵。」

人生面臨的困境，其實都是種幸運。

只要從積極的層面思考就可以發現，逆境是強迫自己成長的途徑，只有逆境才能逼我們多動腦，透過各種嘗試激發自己的潛能；處於順境的時候，應該要步步爲營，把握住每一個吸收養分的機會。

飢餓、貧窮、苦難……都是難得的鍛鍊，比起一輩子都不虞匱乏的人，漸入佳境、先無後有，更是一種得來不易的幸福。

事事都算計，只會讓自己懊惱不已

事事算計並不一定會讓生活更加如意，有時只是白費心機，讓自己遭遇失敗挫折時更加懊惱不已。

人們經常有的一個錯誤迷思，就是「我們應該要停下腳步，爲每一次失敗嘆息，爲每一場勝利歡呼」。

其實，生活就是生活，遭遇困難是生活；順順利利也是生活。過得了的，是生活；過不了的，也一樣是生活。

法國紀錄片〈微觀世界〉中曾經紀錄了一個這樣的場景：

一種綽號叫做「屎殼郎」的昆蟲，推著一個糞球走在不平坦的山路上。

途中，一根植物的刺直挺挺地斜長在路面上，這根刺根部粗大、頂端尖銳，十分顯眼。但是，屎殼郎似乎並沒有看見，牠推的那個糞球，一下子就扎在了這根巨刺上。

屎殼郎好像沒有發現自己遇到了阻礙，繼續賣力地推著糞球，只是無論牠多麼用力，那顆糞球都依然文風不動，停佇在原地。

牠試著正著走、倒著推，甚至還推走了糞球周邊的土塊，轉而由側面進攻，但仍然一點效果也沒有。

那顆糞球堅固地、安穩地、深深地扎在那根刺上，沒有絲毫移動的跡象。

然而，屎殼郎仍然不放棄，終於，牠繞到了糞球的另外一面，將它往上輕輕一頂，咕嚕一聲，頑固的糞球居然就這麼從那根刺裡「逃脫」出來了！

無疑的，屎殼郎打了一場漂亮的勝仗。

但是，更出人意料之外的是，屎殼郎並沒有為自己的勝利歡呼，更沒有計劃要慰勞一下辛苦奮鬥後的自己。牠幾乎沒有做任何停留，只是繼續推著牠的糞球，

以原來的步調往前走，就像什麼都沒有發生過一樣。

只留下電視機前的觀眾們，為這樣的景象感到驚嘆不已。

對屎殼郎這種卑微的昆蟲來說，生命並沒有輸贏，也無所謂勝利與失敗，牠不像人類總是患得患失，每一分鐘都在算計，每一分鐘都在爲下一分鐘思考。牠只是很認命、很認眞地活著。

事事算計並不一定會讓生活更加如意，有時只是白費心機，讓自己遭遇失敗挫折時更加懊惱不已。生活還可以有許多方式，生活除了輸贏以外，還可以有許多其他的選擇。如果用腦袋、用智慧生活令人感到疲憊，或許我們也可以換一種不用腦的生活方式，不要試圖主宰生活，只要讓生活引領我們，自自然然地走向沒有終點的方向。

不放棄努力，才能獲得勝利

遇到困難時，停在原處問題不會自動消失，困難不會奇蹟似的減輕，唯有咬緊牙關走下去，才能跨越障礙，迎向嶄新的未來。

有個人不小心摔了一跤，才剛剛爬起來，卻又不小心再次絆倒。這個人於是摸摸摔疼的屁股咒罵說：「他奶奶的，早知道還要再跌一跤，當初幹嘛還要爬起來呢？」

儘管有時候，事情的發展可能壞得讓人充滿無力感，雖然使盡力氣爬起來之後，還是有可能會再次跌倒，但是什麼都不做，一味地咒罵，壓力並不會變小，情況還有可能變得更壞。

有個傻瓜走在路上，突然覺得非常口渴，可是附近一間店家也沒有。傻瓜在烈日下走了很久，好不容易才到一處河川前。

眼看著眼前滔滔江水，好不暢快，但是，傻瓜竟然只是呆呆望著河水向東流去，不肯彎下腰取一瓢水喝。

旁邊的人見了，覺得非常奇怪，問他：「你流了很多汗，難道你不覺得口渴嗎？為什麼不取河水喝呢？」

只見傻瓜正經八百地回答：「唉，如果我可以把這些河水都喝完的話，我早就喝了！你看，這條河川多麼浩瀚，水那麼多，我恐怕怎麼喝也喝不完，所以乾脆就不喝了！」

自暴自棄的人往往有許多藉口，其中一個最常用的藉口是：「反正事情多得做不完，反正再怎麼努力也不可能做到和別人一樣好，反正今天做了明天還是一樣要再做，所以乾脆別做了吧！」

人生說短很短，說長也很長，走在人生的路途上，我們常常會有無助徬徨的時候，也難免會有看不見未來的時候。

但是，遇到困難之時停在原處，問題不會自動消失，困難不會奇蹟似地減輕，唯有設法克服，咬緊牙關走下去，才能跨越障礙，迎向嶄新的未來。

因此，我們別無選擇，只能繼續往前走。或許只要再往前走一小步，只要再多努力一會兒，一旦穿過迷霧的森林，就可以看見屬於自己的藍天。

05

適度的壓力，就是最好的激勵

想要開發自我的潛能，
絕對不能只是讓自己相信「我是最棒的」，
相反的，你要不斷地提醒自己：
「我還不夠棒，我一定還能更棒！」

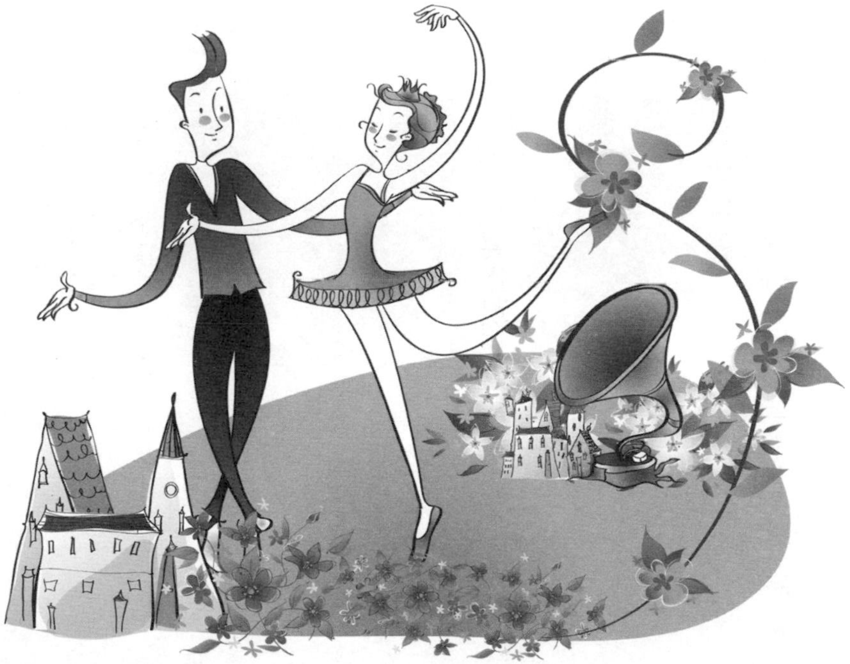

適度的壓力，就是最好的激勵

想要開發自我的潛能，絕對不能只是讓自己相信「我是最棒的」，相反的，你要不斷地提醒自己：「我還不夠棒，我一定還能更棒！」

壓力往往比吹捧更容易使人成長，如果你想要比現在更好，那麼，在肯定自己之餘就再多給自己一些壓力吧！

記住，適度的壓力，就是最好的激勵。

美國有位心理學專家曾經做過一項有趣的實驗。

他選定一所中學，請中學校長隨意把三位老師叫進辦公室，然後對他們說：

「根據你們三位的年資以及過去幾年來的教學表現，你們是本校屬一屬二的優良教師。為了增加本校的升學率，我特別把全校最聰明的學生集中在一起，分為三班，由你們一人負責一班，好的老師配上好的學生，希望你們今年能夠有更出色的表現。」

三位老師聽了無不喜上眉梢，自己的教學方式獲得肯定，就像演員獲得奧斯卡金像獎一樣意義非凡，更是一種無上的光榮。接著，校長鄭重地叮嚀他們：「為了避免不必要的糾紛，你們就像平常一樣教他們就可以了，不要讓他們覺得自己受到什麼特殊待遇，以免引來其他家長的抱怨。」

一個學期過去了，這三個班級的學生成績打破了以往的紀錄，不但在校內排名中名列前茅，也是附近地區所有中學的佼佼者，平均分數整整高出了十分之多。

這時，校長又把三位老師叫進辦公室裡，笑著告訴他們：「其實，這三班學生只是隨機抽樣出來的，跟普通學生根本沒有兩樣，你們能把他們教得這麼好，就等於能把所有的學生教好，這只是信心問題而已，只要老師有信心，學生自然能有更大的進步，你們同意嗎？」

三位老師點了點頭，頓時對自己的教學能力充滿了信心。校長接著說：「另外，再告訴你們一件事，你們三個也是在教師中隨機挑選出來的，之前的表現怎麼樣我不知道，但是現在事實證明了，你們果真是最優秀的。」

理論上來說，如果每個人都可以這樣自我催眠，告訴自己「我是最棒的」，那麼世界上的人一定個個都很棒！不過，事實上，要時時給自己這樣的激勵，在現實生活之中，卻不是那麼容易！

我們一直相信自己很棒、很優秀，偏偏卻遇到了更多強勁的對手或更多棘手的挫折，證明事實並不如自己所想像，即使我們曾經鶴立雞群，到頭來也不得不氣餒地承認自己只是個凡夫俗子。

因此，想要開發自我的潛能，絕對不能只是讓自己相信「我是最棒的」，相反的，要透過適度的壓力來激勵自己，要不斷地提醒自己：「我還不夠棒，我一定還能更棒！」

別讓頭上的光環，成為罩頂的烏雲

成功不在於你有多少關係，而在於你有多少能力，以及願不願意殫精竭慮地努力。

現代人講求所謂的「人脈銀行」，彷彿誰認識的人多，誰就能比別人先掌握成功的關鍵。

其實，這是似是而非的觀念，人脈只能替你穿針引線，成敗仍舊取決於你到底有幾分能耐。

法國著名作家大仲馬的兒子小仲馬在還沒成名之前，所寄出的稿件總是遭到

出版社退回，而且到處碰壁，境況非常不如人意。

於是，大仲馬建議小仲馬在稿件末端附上自己的姓名，如此一來，出版社不看僧面也會看佛面，給大作家的兒子一個機會。

不過，小仲馬卻固執地拒絕了，他說：「我不想做這種事，如果我利用你的名聲當作跳板，那麼我從以前到現在的奮鬥也就失去了意義。」

小仲馬年紀小但志氣高，他不願用父親的盛名作為自己開闖事業的資本，因為他覺得那樣的做法太投機，也無法證明他自己的實力。因而，他在替自己取筆名的時候，也小心翼翼地選擇了其他的姓氏，避免讓別人聯想到父親的名字。

面對一大疊退回的稿件，小仲馬不只沒有被打敗，反而越挫越勇，越寫越有心得；他認為自己只是時機未到而已，所以仍然堅持自己的創作，每天在桌前一待就是一整天。

皇天不負苦心人，小仲馬的長篇小說《茶花女》因為絕佳的構思和生花妙筆，終於震撼了出版社的編輯，而且編輯們一致認為這是百年難得一見的曠世鉅作。

當出版社察覺到這分稿件上的地址，竟然和大仲馬的住址相同時，都以為這

分作品是出自大仲馬之手，只是生性幽默的大仲馬，故意用另一個筆名跟他們開玩笑而已。

直到他們發現作者不是大仲馬，而是他的兒子小仲馬的時候，他們不禁十分驚訝，並且對小仲馬的奮鬥精神讚嘆不已。

《茶花女》一出版，立即轟動了整個法國文壇，有人甚至認為它的水準已經超過了大仲馬的《基督山伯爵》，小仲馬名享全國，他終於用自己的努力爭取到屬於他的一席之地。

看在那些講究「人脈就是金脈」的經理人眼裡，小仲馬簡直是一頭不知道轉彎的大笨牛，放著身邊這麼好的資源不用，竟然白白浪費了這麼多年的光陰；如果他早點打出父親的名號，不就可以早一點成名了嗎？反正市場終究會證明他的實力。

但是，當類似的情況發生在你身上，如果你眞的那麼做，就算證明了實力，成功也永遠不會眞正屬於你。

別人看你的眼神，多多少少會是在看「某人的兒子」，別人給你的掌聲，或多或少也是給你老爸「面子」，那些一開始戴在頭上的光環，最後終會變成一朵罩頂的烏雲，你想要那樣子的「成功」嗎？

成功不在於你有多少關係，而在於你有多少能力，以及願不願意殫精竭慮地努力。

懂得羨慕也是一種美德

懂得羨慕別人是一種美德，因為有比較才會更進取，壓抑自己的羨慕，最後只會演變成忌妒，讓你狗嘴裡吐不出象牙。

如果你沒有一點特別的長處，人家根本不屑浪費口水批評你、嘲諷你。從這個角度來說，情願做個有資格讓人冷嘲熱諷的人，也好過終其一生，只能在台下奚落別人！

哥倫布是十五世紀著名的航海家，經歷了千辛萬苦，皇天不負苦心人，他終於發現了美洲新大陸。

對於這個劃時代的偉大發現，人們給予哥倫布很高的評價及榮譽，但是，也有其他的人士對此表示不以為然，並且時常當眾批評他。

這些人的言談像是一根根藏在棉花裡的針，經常「不經意」地流露出諷刺，隨時都有可能把他刺傷。

有一次，哥倫布邀請朋友來家裡作客，茶餘飯後，大家不禁又提起了哥倫布航海的經歷，然而，當中有些人語帶嘲諷，似乎對這樣的奚落樂此不疲。

不過，哥倫布聽了卻一點也不生氣，完全不試圖替自己辯護，只是起身從廚房裡拿出一顆雞蛋，然後對著大家說：「你們有誰能把這個雞蛋豎起來呢？」

大夥兒輪番上陣，想盡各種方法，結果卻一一失敗。雞蛋表面是圓滑的，怎麼可能豎得起來呢？

「看我的吧！」哥倫布說著，然後輕輕地把雞蛋的其中一頭敲破，雞蛋自然就豎起來了。

「你把雞蛋敲破了，當然能豎起來呀！」有人不服氣地抗議。

「是呀！現在你們看到我用這個方法把雞蛋豎起來，才知道其實方法很簡單，

根本沒有什麼了不起，但是，為什麼在我之前，你們卻沒有一個人想得到這個辦法呢？」

樹大招風，譽之所在謗亦隨之，人總是見不得別人好，這就是人類與生俱來的天性。

只不過，人往往口是心非，明明眼睛紅得像隻兔子，表面上卻還口口聲聲地說「恭喜恭喜」。

假裝的大方不叫「風度」，而是「虛僞」，那種會在背後捅你一刀的，往往就是這種奸詐小人。

其實，懂得羨慕別人是一種美德，因爲有比較才會更進取，壓抑自己的羨慕，最後只會演變成嫉妒，讓你狗嘴裡吐不出象牙，還會變成一顆酸溜溜的檸檬。

因此，羨慕別人的時候，就大大方方表達出來，相對的，面對別人的嫉妒，就把他們的冷嘲熱諷當作是一種恭維吧！

為什麼幸運之神總是眷顧別人？

為何幸運之神總是眷顧別人，唯獨看不見你？就連聖誕老人都只敲鄰居的窗戶，從來不曾爬進你家的煙囪？

「運氣」是一件很虛渺的事情，如果只會把一切不幸歸咎於「時運不濟」，那麼你和那些守株待兔的人又有什麼兩樣？

老劉在一家貿易公司工作了二十年，打從一踏出校門，他就進了這家大型企業，並且決定從此在這裡落地生根。

老劉一直認為這就是他事業的終點了，公司的員工之間存在著家人般的和樂，

上司與下屬之間也有著難得的互相關懷，老劉一直表現賣力、安分守己，而且以自己的工作為榮。

然而，受到經濟不景氣波及，公司難逃一劫，被一家跨國集團收購，還來不及做好心理準備，老劉頓時便成了失業人口。

他拿著微薄的遣散費走出公司大門，看著頭頂上的藍天白雲，心裡一片灰暗，好一段時間之後，他才真正驚覺到自己已經沒有工作，也失去所有的生活重心了。

接下來的日子裡，老劉簡直度日如年，他想起自己家裡還有妻兒老小，還必須養家餬口，肩膀上的擔子實在太重了，重得根本沒有時間坐在那裡嘆氣。他領悟到，自己必須馬上東山再起，否則只能坐以待斃。

儘管擁有數十年馳騁商場的經歷，但老劉深知外面的世界弱肉強食，而且正是年輕人當家的時代，想要找到一份好工作，就必須表現出自己不可取代的專業與經驗。

因此，他透過朋友的介紹，每天安排和很多人會面談話，把握自己二十年資歷所殘留的剩餘價值，用功地研究每一條就業訊息。

經過一段時間的努力之後，有一天，老劉突然接到一個同行的電話，說他正準備前進大陸設立分公司，需要有人協助打理，老劉的資歷與能力都十分適合這項職務，希望雙方能有合作的機會。

得知這項消息以後，老劉幾乎不眠不休，花了很長的時間，也狠狠地下了一番苦功研究這家公司，之後，他與公司的總裁會面，同時會見了公司裡所有的大老。在這次會晤中，老劉知無不言、言無不盡，展現了他這些日子以來苦心研究的成果。

就在失業的四個多月後，老劉搖身一變成了該公司上海分部的總經理，他的事業有了新的起點、新的挑戰，對人生也有了全新的體認，以及新的快樂。

老劉的際遇，看在那些失業人的眼中，簡直是在傷口灑鹽。

「哼！什麼東山再起，也只不過是走狗屎運而已！」你可能會如此忿忿不平地說風涼話。

但是，你有沒有想過，爲什麼走運的人是他，而不是自己？爲何幸運之神總

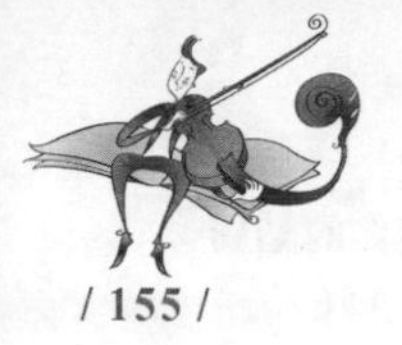

是眷顧別人，唯獨看不見你？就連聖誕老人都只敲鄰居的窗戶，從來不曾爬進你家的煙囪？

沒有一件事情是毫無緣由就憑空發生的，就連中彩券也要你肯先付出時間去排隊，因此，不要再像寓言故事裡那個心存僥倖的懶惰農夫，整天守在樹下等著兔子自己去撞樹幹，而任由農地荒廢了。

就算眞的被你等到了，那也只是一隻瞎了眼的兔子，眞正的寶藏，早就已經落入那些早有準備的人的口袋裡去了。

步步為營，才能避開陷阱

走在人生的道路上，我們應該以慎重的態度步步為營，小心避開各種可能的風險和陷阱。

大多數人的人生是根本禁不起一次破產的，因此，你該想的應該是如何避免發生財務危機，而不是破產之後該怎麼起死回生。

喬．卡伯不幸生意失敗了，不但轉瞬間損失了所有的本錢，同時還負債高達五十萬美元。

眼看著自己從雲端跌到谷底，喬．卡伯簡直痛不欲生，他試圖冷靜下來面對現實，最後他發現眼前只有兩條路可走，一條路就是宣告破產，早死早超生；另

外一條路就是努力工作，想盡辦法還錢。

喬．卡伯不甘心就這麼宣告破產，向失敗投降，幾經思索之後，他召開債權人會議，對債主們坦誠相告：「我已經身無分文了，就算我宣告破產，欠你們的錢我還是一點也還不出來，但是如果你們相信我，再給我一次奮鬥的機會，我用人格保證，會在八年之內還清所有的債務。」

他花了九十分鐘的時間和口水，不斷地請求、拜託，終於用信心和熱情打動所有的債主，使他們願意暫且放他一馬，看看他如何東山再起，實現他的承諾。

好不容易有了重新出發的機會，喬．卡伯靈機一動，想到這個世界上負債的並非只有他一個人，還有許多人都跟他一樣為債務所困。於是，他著手把自己處理債務的經驗記錄下來，寫成一本教導別人如何在九十分鐘內不用借錢就可以解決債務的書。

這本書一推出，立刻在市場上造成轟動，欠債的、沒有欠債的，或是被人欠債不還的，統統對這本書產生了莫大的興趣。這本書一下就賣了十萬本，而喬．卡伯也在兩年內就輕輕鬆鬆地還清了所有債務。

不過，他並沒有因此而鬆懈，他再接再厲，又寫了一本《懶人的發財秘訣》，並且成功地賺取了一百萬美元。

現實生活中也有許多這樣的例子，譬如有些名人就曾遭遇破產經驗，但他們一個個鹹魚翻生，重新享受風平浪靜的人生。

不過，你可別天眞的以爲破產的人都可以像他們一樣，只要努力就一定會有東山再起的契機。

他們之所以能夠如此，是因爲他們即使經濟破產，人際關係卻沒有破產，社會地位也依舊存在，所以仍然能爲自己鋪設一條捲土重來的道路，重新出發。

要是換做一般的市井小民，能有這樣的機會嗎？

因此，走在人生的道路上，我們應該以愼重的態度步步爲營，小心避開各種可能的風險和陷阱。

畢竟，能夠起死回生的大都是九命怪貓，而我們只有小命一條，怎麼能輕易去冒破產的風險呢？

意志，是最神奇的力量

在現實生活中，類似的奇蹟也經常發生。我們會認為它老套，是因為我們看到了所有的過程，而見不到那個神秘的「意志」。

「意志」是無形的，只有在人們遇到苦難、病痛時，它才會突然出現。不要因爲看不見它而忽略了它的存在，只要你願意相信，你就能在需要的時候，感覺到它神奇的力量。

一天早上，從事進出口貿易的鮑伯出門時，遇到了三名持槍的歹徒。他們把他帶到荒郊野外，不僅搶奪了他身上所有的財物，還在慌亂之中開槍射中他的腹部。鮑伯當場血流如柱，歹徒們一看情勢不對，紛紛落荒而逃，獨留他一個人在草叢裡掙扎。

幸運的是，鮑伯十分鐘後就被好心的路人發現，及時將他送進急診室裡，雖然當時他已經奄奄一息，但是經過長達十八個小時的手術，終於得以保住性命。

事後，他回憶這段經歷時說道，當他受了傷躺在草叢中的時候，不斷告訴自己絕對不可以死，他拼命按住傷口，努力想著過去那些開心的事情，不讓自己有機會睡著。

當醫護人員把他推進手術室時，他從他們的臉上看到了絕望，他知道他們並沒有信心把他救活，因為他們看著他的表情像看著一具屍體一樣，他想，自己一定得設法做點什麼才行。

這個時候，有個護士問他有沒有對什麼東西過敏，他點了點頭，所有的人也都停下來等待他的答案。

他深深地吸了一口氣，然後用盡全身的力氣大喊：「子彈！」全部人都笑了出來。隨後，鮑伯告訴他們他還想要活下去，請把他當成一個活人來救。

在鮑伯被推進手術室前，醫生曾經告訴家屬手術成功的機會只有百分之十。結果證明了，只要你選擇這百分之十，再加上充足的信心，它就可以變成百分之百的成功。

電影裡常常會有這種情節，披著白袍的醫生告訴昏迷病人的家屬說：「我們已經盡力了，接下來就要靠病人自己的意志了。」然後，千篇一律的，病人總是會奇蹟似的從昏迷中甦醒過來，一家人喜極而泣，氣氛和樂融融。

不要以爲這只是電影爲了賺人熱淚所刻意營造的情節，在現實生活中，類似的奇蹟也經常發生。我們之所以會認爲它老套，是因爲我們看到了所有的過程，而見不到那個神秘的「意志」，那分無論在多麼無助的情況下，都仍然存在體內主宰我們的神奇力量。

只要你願意努力，就一定能憑著自己的意志創造奇蹟。

想辦法做自己的救兵

遭遇危險時，不要存有依賴心理，想等待別人救援，而要立即想辦法拯救自己。

遭遇危險，搬救兵是最沒有辦法的辦法，因爲等待別人救援總會錯失良機，如果你可以拿出旺盛鬥志和強烈信心，那麼你就可以成爲自己最好的救兵！

美國中部地區曾經發生過這麼一個神奇的真實故事。有個男孩放學回家時，母親還在田裡辛苦地工作，他為了得到母親的讚賞，所以決定自動自發，清理一下院子裡已經荒廢多年的枯井。

他發現這座枯井深不見底，手電筒微弱的光線幾乎不能穿透井裡的黑暗，所以他設法爬上井邊，想往下一探究竟，沒想到井邊的青苔又濕又滑，一不小心，他整個人就這麼跌落到井底了。

幸好井底也鋪著一層厚厚的柔軟青苔，男孩雖然毫髮無傷，卻發現自己已經身處在地底的四面牆壁當中。好幾次，他試圖向上爬，卻都只是徒勞無功，爬著爬著最後竟然沈沈睡著了。

第二天早上，他在飢餓當中醒來，飢腸轆轆、全身無力的他努力地大喊：「我在這裡，快來救我！」但聲音只是在厚重的井壁間迴盪，根本沒有辦法傳出去。

到了下午，男孩又大聲喊叫了好幾個小時，外面仍然沒有任何回音，他絕望地發現，根本不會有人來救他，他只能依靠自己。

第三天，男孩在井底摸到了一把生銹的老虎鉗，雖然作用不大，但是聊勝於無，他決定用鉗子把井磚撬出一個小縫，作為踏腳的基石，然後就這麼一點一點地往上爬。

花了兩天的時間，男孩的工程已經進行到一定的高度了，他已經兩天兩夜沒

有闔眼，全憑毅力拖著自己疲憊、飢餓的身軀向上爬。由於長時間浸在潮濕的地底，男孩的腳已經凍得沒有知覺了，越是往上爬，越覺得費力，然而，他不斷地告訴自己：「你只能往上，否則就是死路一條，只能往上，只能往上……」

就在第六天的時候，男孩終於爬出了井口，他用智慧與永不放棄的精神換回了自己的性命。

這個故事告訴我們，每個人都可能會有孤立無援的時候，除了自己，沒有人可以救你。如果這個男孩一開始就驚覺到唯一能依靠的就只有自己，他便不會在那裡多浪費兩天，而會馬上自己動腦想辦法，把握最有精力的黃金時刻。

不是每一個人都像男孩那麼幸運，有那麼多時間與精神可以和環境搏鬥，往往動作只慢那麼一點點，就馬上遭到淘汰的命運了，因爲命運之神總是喜歡在我們身上開一些殘酷的玩笑。

因此，遭遇危險時，不要存有依賴心理，想等待別人救援，而要立即想辦法拯救自己，如此才不會任由自己的精神、體力一點一滴流失，導致最後回天乏術。

成功，一點都不輕鬆

追求成功之前，要做好萬全的規劃與準備，然後全心全意去做，遇到失敗、挫折也要再接再厲。

一分耕耘未必能有一分收穫，歷經險境不一定就可以保證成功，因為，挫折本來就是人生的必經之路，你必須比別人更認真、更堅韌，才有可能獲得成功。

阿華覺得自己的人生除了「失敗」兩個字以外，簡直找不到更貼切的形容詞了，無論讀書、創業、找工作，他幾乎從來沒有好好地做成一件事。

年終時，別人歡歡喜喜地領取年終獎金，他所拿到的卻只有一封辭退信，他

不明白為什麼自己處處不如人，活在世上根本毫無用處，沮喪之際，他甚至想結束自己的生命，一了百了。

後來，有人告訴他山上有位高僧，他掌握了成功的秘訣，只要曾經拜訪過那位高僧的人，現在都成了各行各業的佼佼者。阿華心想，與其漫無目的地待在家裡，不如上山去試試吧！

於是，阿華便出發去找那位高僧了。一見到高僧，他就好像看到救星一般，滔滔不絕地敘述自己從小到大的不幸遭遇。

高僧聽完以後，沒有任何表示，只是隨口漫不經心地說：「我聽說對面山邊的懸崖上長有野草莓，只要你願意去幫我採下來，我就告訴你如何得到你想要的一切。」

這座山的山勢並不高，但卻陡峭異常，那一顆顆紅寶石般閃閃發亮的草莓，近在眼前卻又遠在天邊，看得見但就是摘不到。

「我該怎麼爬上去呢？」阿華心想，憑自己的能力是根本不可能辦到的，該不會是高僧在騙人吧！

他很想像以前一樣，只要一遇到困難就馬上棄械投降，但是此時心裡卻有另外一個聲音告訴他：不要放棄，這裡有著千載難逢的機會。

阿華開始認真地思考，並且對這座山的地形做了仔細的調查，然後決定從北面上山，只是還爬不到一半，阿華就已經精疲力竭、疲憊不堪了。

疲累的阿華晚上伴著疼痛的肌肉入睡，不知道為什麼，夢中的草莓看起來特別的近，只差一步就可以摘到了。

隔天一大早，阿華試著再度攀登上山，這一次，他終於摘到了夢寐以求的草莓。於是，他捧著滿懷的草莓回到高僧面前，焦急地問：「大師，現在你可以告訴我，要怎麼樣才能成功了吧？」

高僧一口把草莓放進嘴裡，笑著說：「這草莓真甜！」然後，他反問阿華：「你不是已經成功了嗎？還問什麼成功之道？」

如果採得懸崖上的草莓就可以成功，那麼喜馬拉雅山的高峰上倘使長有草莓的話，可能也早就被人採擷一空了！因爲，現實生活中的成功得來不易，絕對不

只是像採草莓一樣輕鬆。

這位高僧要教導阿華的是，追求成功之前，要做好萬全的規劃與準備，然後全心全意去做，遇到失敗、挫折也要再接再厲。

爬上了懸崖，雖然你不一定就能摘到夢想中的甜美果實，但是你一定能放眼天下，把自己的人生道路看得更遠更清楚。

勇敢走出人生的象牙塔

最怕的是，才剛踏進這個大染缸，就臨陣退縮，躲回自己的象牙塔內，外在的軀殼長大了，心智卻仍然在原地踏步。

每個早熟的孩子都有可能是明日的新星，正因爲刻苦的環境給了他們最多的歷練，所以他們也因此獲得了比其他人更多的成長，更能體認到自己內在的力量。

日本傳奇女子阿信的兒子和田一夫就是最好的例子。

身為日本最大的零售業八佰伴國際集團的創始人，和田一夫可說是白手起家，一切從零開始。

腳踏實地是他的工作態度，刻苦耐勞是他的人生哲學，他花費多年的時間，把母親阿信經營的一家只賣水果、蔬菜的小雜貨店日益擴張，發展成日本第一、亞洲第二大的跨國集團。

早在他幼年的時候，就已經有人預言，他日後一定會成功。因為，儘管他沒有顯赫的家世、沒有傲人的學歷，但是卻具備了一身處變不驚、勇於承擔責任的人格特質。

當和田一夫還是個小學生時，有一天傍晚，天氣驟變，氣象預報說將會有強烈颱風登陸，可能帶來十級颶風，並且呼籲民眾嚴加防範。

當時，和田一夫的父母都還在在外地採購疏果，若是等到他們回來，可能已經來不及做任何防颱準備了。

因此，和田一夫當機立斷，決定要在暴風雨來臨之前關上家裡所有的門窗，以免遭到嚴重損傷。只是，風勢實在太大，門窗怎麼用力也關不上，於是，和田一夫便把兩個弟弟全都叫來，在他的指揮之下，三個人同心協力，終於把門窗一扇一扇地全部關好。

入夜之後，風雨越來越大，不時夾雜著明滅的閃電和轟隆的雷聲。

和田一夫為了不讓弟弟們害怕，便領著他們圍坐在餐桌旁，輕聲細語地講故事給他們聽，等到兩個弟弟沉沉入睡之後，他才一個人靜靜地在房間裡做功課。

當父母回來時，看到的正是這幅寧靜安詳的景象，和屋外的狂風暴雨相較，和田一夫正保持著一顆風平浪靜的心。

不是每個人小時候都經歷過困劣的環境，也不是每個人都能接受這種無形的訓練。一般人更仰賴的，是成年以後的「後天養成」，讓你歷經風浪而變得臨危不亂，經過一次次失敗而逐漸有勇有謀，社會就是最好的搖籃，可以讓人快速地成長。

最怕的是，才剛踏進這個大染缸，就臨陣退縮，從此躲回自己的象牙塔內，外在的軀殼長大了，心智卻仍然在原地踏步，這樣的人除了依靠別人，還能有什麼作爲呢？

06

埋怨越少，成功越早

叫嚷著不公平的人，
一輩子也不會覺得公平，
因為現實人生本來就不公平，
再怎麼埋怨，
也無法使世界變得更合理。

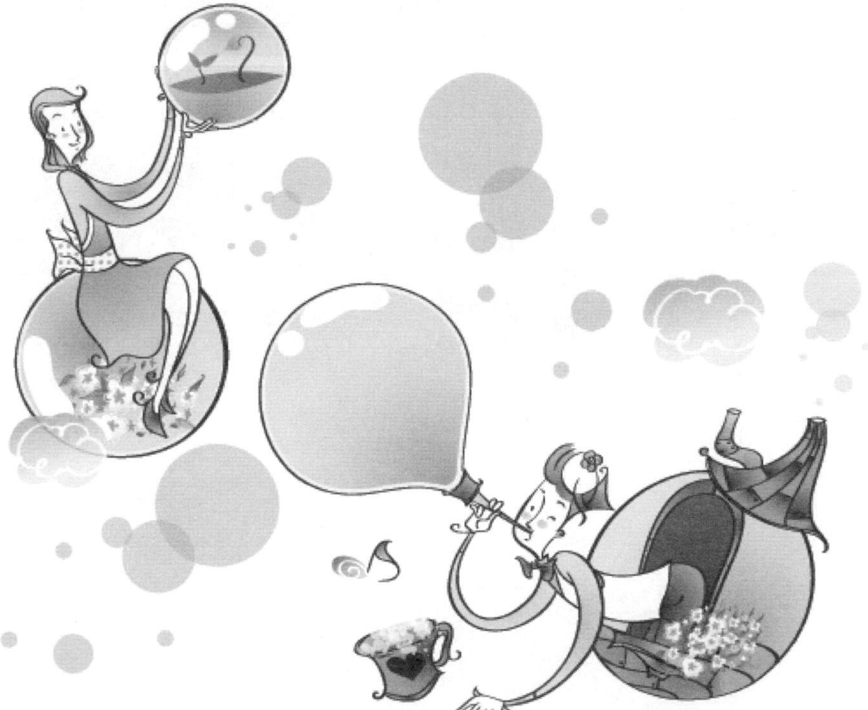

別讓出身決定自己的命運

平凡如我們，既然不能改變自己的出身，那麼唯一的選擇，就是拼命地為自己努力，成就不平凡的春天。

俗話說「英雄不怕出身低」，爲的是打破根植人心的階級意識，如果你能讓自己變成美麗的天鵝，誰還在乎你原本只是個醜小鴨？

美國第十六屆總統亞伯拉罕．林肯出身於鞋匠世家。當時的美國社會還存在著濃厚的階級主義，思想相當封閉，所以特別看重一個人的出身和門第。

身為一個鞋匠的兒子，林肯彷彿天生就比別人矮了那麼一截，時常受到別人的輕視。

在他參加總統大選前夕，在參議院發表演說時，曾經遭到了一個參議員的當眾羞辱，他批評林肯出身低微，沒有資格出來參選。

不過，林肯面對他的惡意攻擊時，並沒有還以顏色，只是心平氣和地說：「我非常感謝你令我想起我親愛的父親，雖然他已不在人世，但是我仍然很想念他；而且我知道，即使我當上了總統，也無法像我當鞋匠的父親那樣的偉大。」

林肯的話使參議院陷入了一陣沈默之中，眾人低頭不語，安靜得連地上掉了一根針都聽得到。

林肯繼續對那位侮辱他的參議員說：「據我所知，我的父親曾經為你及你的家人做過鞋子，如果你覺得鞋子不合腳，我或許可以用從父親那裡學來的技術替你修改。」

接著，林肯放大聲量，轉頭對在座的所有參議員說：「如果在座有哪位腳上穿的鞋子是由我父親做的，若是穿得不合腳，我可以幫助各位做一些修改，但是

我得先聲明，我永遠無法把它們做得像我父親那麼好。」

林肯的聲音微微顫抖，邊說邊流下真摯的眼淚，令在場的參議員們也紅了眼眶，不禁開始深深反省：世界上還有哪一種身分，是比「父母親」更偉大的？

嘲笑的聲音漸漸變成了掌聲，林肯後來也如願地當上了總統。

眞正可憐的，是那些永遠不敢成爲英雄的醜小鴨，因爲，他們認爲自己的出身便決定了自己的命運。

其實，只要你願意，有什麼是不可能的呢？

出身貧賤註定就要比別人付出多十倍的努力，如果可以選擇，誰不想生長在一個富裕的家庭，或是當大財閥的親戚？

平凡如我們，既然不能改變自己的出身，那麼唯一的選擇，就是拼命地爲自己努力。成就的光環沒有階級之別，平凡的小人物只要肯盡力創造奇蹟，當然也能擁有不平凡的春天。

找出獨到之處，肯定自我價值

想要改變自己的自卑傾向，必須先找出自己比別人優秀的獨到之處，生活才不會過得那麼痛苦。

詩人白朗寧曾經寫道：「人要在心中培養對未來的期望，千萬不要陷入眼前的瑣事不能自拔。」

確實如此，態度會決定人生的高度，格局會決定人生的結局，一個人最終能否有所成就，生活是否過得快樂幸福，其實就在於本身看待事情的方式，看待世界的視野。

肯定自己的獨到之處，你就能找到自己存在的價值，在坦然接受自己的不完

美之後，你才能找到超越別人的優點。

美國的種族歧視是長期以來根深柢固的問題，人生而不平等，不是幾句口號或幾次遊行就可以輕易改變的。黑人承受的眼光、遭受的侮辱已經太多，多到連黑人都不由得會懷疑自己的存在價值。

威爾正是一位這樣的黑人孤兒，他自小無父無母，曾經輾轉被人收養了十五次，在他的成長過程中，他只知道自己的名字叫做「孤兒」，自己的身分就叫做「黑鬼」，他幾乎已經忘了自己也有名字，以及自己也可以擁有夢想。

直到長大以後，有一次，他偶然間遇見了教會裡的一位牧師，從此徹底改變了他的人生。

牧師發現這位年輕人心中隱藏著很強烈的自卑感，不但走路時不曾抬頭挺胸，說話時目光也不敢直視別人，總是一副若有所思的模樣，令人不想靠近。因此，牧師主動和他做了朋友，想為威爾解決這個問題。

對於牧師的善意，威爾當然銘記於心，十分感激，不過他自卑地告訴牧師說：

「我是一個黑人，是奴隸的子孫，這是改變不了的事實，黑人註定就是要被人看不起的。」

牧師的笑容像春天的陽光一般和煦，他告訴威爾說：「你錯了，黑人也有很優秀的地方。」

威爾的眼睛迷惑地瞇了起來，牧師繼續說：「包括你在內，所有美國黑人的祖先都是來自非洲，你們是非洲所有的子孫中還能在美國繼續生存下來的，所以你應該以自己的血統為榮。如果你們不夠堅強，早就像其他那些弱者一樣，在還沒有離開非洲之前，就死在船上或森林裡了。你們之所以能繼續存活，是因為你們有知識、有才能，又懂得團結合作，這些都是成為一個強者的條件，所以在美國的黑人比任何種族都來得優秀，而且這種優秀的血統會一直流傳下去的。」

威爾點了點頭，有生以來他第一次以身為一個黑人為傲！

他終於找到了自己人生的方向，經過幾年的努力之後，他取得了醫學博士學位，當上了醫生。而且，他完全克服了自卑，因為他知道，除了自己的心態，沒有任何事情可以難得倒他。

想要改變自己的自卑傾向，必須先找出自己比別人優秀的獨到之處，生活才不會過得那麼痛苦。

但是，如果你相信自己是最優秀的，那麼你就大錯特錯了！因爲，事實擺在眼前，明明還有別人比我們優秀，我們又何必欺騙自己，像鴕鳥一樣把頭埋進沙堆，一廂情願地相信自己是最優秀的呢？

應該理性地告訴自己：「我雖然不是最優秀的，但我卻是獨一無二的！」沒有人能夠和你一模一樣，連你的腳趾頭、手指頭都與衆不同，全世界再也找不出第二個你，因爲你就是唯一的。

找到獨到之處，你就會肯定自我的價值。

猶豫會讓你失去先機

在靈光乍現時，把握機會舞動你的生命吧！只怕你稍有一點遲疑，花火便熄滅了，一切後悔其實都是你自找的。

三思而後行是正確的，但是太多的猶豫卻往往只會讓你慢人一拍，別人搶得先機，而你才姍姍來遲。

生命當中那些可以避免的懊悔，不就是猶豫不決造成的？

一個小男孩在外面玩耍時，發現一個鳥巢被大風吹到了地上，鳥巢裡滾出了一隻小麻雀。

小麻雀嬌小玲瓏，不及手掌般大，初生的羽毛還沒長全，闔著的眼睛看起來

楚楚可憐、弱不禁風。鳥媽媽在哪裡呢？

小男孩看了看四周，完全找不到鳥媽媽的蹤影，眼看著天就要黑了，若是把這隻流離失所的孤鳥留在這裡，說不定今天晚上就不幸夭折了。於是，小男孩決定把這隻小麻雀帶回家飼養，要為這個脆弱的小生命建造一個世界上最溫暖的家。

一路上他蹦蹦跳跳，絲毫掩飾不住自己雀躍的心情。小男孩小心翼翼地把這個新朋友保護在懷裡，不過，當他走到家門口時，忽然想起媽媽曾經說過家裡不准養小動物，所以他放慢了腳步。

思考了一會兒，他把小麻雀輕輕地放在門口的地板上，自己急急忙忙地走進屋裡去請求媽媽。費盡了九牛二虎之力，在他的口水攻擊與眼淚策略之下，媽媽終於勉強地點頭同意了。

好不容易得到了母親允許，小男孩非常興奮地跑回門口，但是左看右看，卻始終看不到小麻雀的影子，只看見一隻大黑貓正滿臉得意，意猶未盡地舔著嘴巴。

小男孩「嘩」一聲大哭了起來，整個晚上輾轉難眠，傷心極了。但他同時也學到了一件事情：凡是決心要做的事情，就要及時去做，並且堅持到底，絕對不

可以優柔寡斷！

從此以後，這個小男孩無論做任何事都秉持著這種精神，長大以後果然成就了一番事業，他就是家喻戶曉的電腦名人——王安博士。

日常生活中，我們不也經常遭遇類似的情節嗎？只是，我們往往沒從這些過往的教訓中要求自己改變，而是一味因循苟且，讓相同的劇情重複上演。

急躁的人大多短命，太謹慎的人通常也擔心得早死。思慮周密、面面俱到可以使人做起事來更踏實，但是卻也同時使人在機運的面前卻步。

在靈光乍現時，把握機會舞動你的生命吧！

只要你稍有一點遲疑，創意的花火便熄滅了，機會也消失了，一切後悔其實都是你自找的。

挖空心思，就會有更多收入

只要加上一點點小技巧，結果就會有大大的不同。只要跳脫舊有的模式，即使是老產品，也能重新吸引人們的注意。

不要覺得生意人很奸詐，他們只是比平常人更洞悉人性而已。商人們挖空心思、花招百出，無非是爲了賺更多錢，只要取之有道，那又有何不可呢？

有一家專門生產牙膏的公司，牙膏品質好、包裝佳，市場佔有率很高，非常受消費者的歡迎。從創立之後，公司的營業額連續十年不斷地向上攀升，每年增

長的幅度都在百分之十至百分之二十，是一個不容小覷的優質企業。

但是，到了第十二年，市場已經逐漸趨於飽和，他們的業績也開始出現停滯的現象，之後的兩年甚至呈現負成長。公司總裁察覺事態嚴重，必須馬上挽回頹勢，便立即召開緊急會議，與公司主管們共同商討對策。

在會議中，公司總裁為了鼓勵員工們積極參與，便大方地向在座的所有人員承諾說：「只要誰能夠想出好的應變策略，可以讓公司的業績增長，我馬上重賞十萬元獎金。」

此時，有位新上任的年輕經理站起來，遞給總裁一張紙條。總裁打開紙條讀過一遍之後，笑容漸漸浮現在臉上，而且馬上起身開了一張十萬元的支票給這位經理。

究竟這位年輕經理在紙條上寫了些什麼呢？

紙條上頭只寫了一句話：把現在牙膏的開口擴大一毫米。

多麼簡單的一個辦法！卻是增加銷售量有效的靈丹妙藥。

消費者每天早晚刷牙都有一定的習慣，他們擠牙膏的長度受習慣所支配，不

會輕易加長或縮短，但是只要牙膏的開口擴大一毫米，消費者就會在不知不覺中多用一毫米寬的牙膏。全世界的消費者這麼多，如果每個人每天多用了一點點，那麼每天牙膏的消耗量將會增加多少呢？

公司總裁立即下令更換牙膏的包裝，到了第十五年，公司的營業額果然急速上升，而且增加了百分之三十，這項成績全都歸功於他們亮麗的「新包裝」。

看了前面這則故事，你終於了解爲什麼市面上的產品總是喜歡每過一段時日就更換包裝了吧！每一次改變，其實都暗藏著消費者所不了解的玄機。

做生意的法則萬變不離其宗，那就是絞盡腦汁讓消費者心甘情願掏出錢來購買自己的產品。

只要加上一點點小技巧，結果就會有大大的不同。

「換湯不換藥」、「舊瓶裝新酒」這些都是百戰百勝的行銷手法，因爲它符合了人們喜新厭舊的天性，只要跳脫舊有的思維模式，即使是老產品，也能重新吸引人們的注意。

想登峰造極，就時時刺激自己

好不容易否極泰來、登峰造極，你反而頓失所依，渾身不自在。因為你缺少了馬蠅的刺激，所以失去了鞭策自己繼續向前的動力。

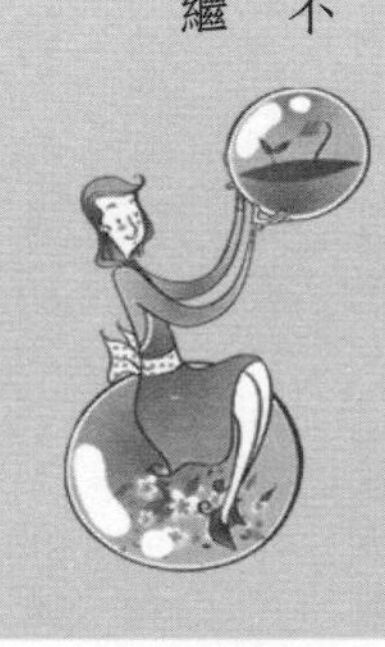

一個人最孤寂的時候，就是當你到達人生的頂點，不再有任何對手和你糾纏不清的時候。

少了那隻整天圍著你轉的馬蠅，你不知道自己是否要繼續跑？爲什麼還要跑？有沒有力氣再向前跑？

一八六〇年，美國總統大選終於塵埃落定，林肯確定當選總統了。

不過，出乎大家意料之外的，是他任命參選總統時的競爭對手參議員薩蒙．蔡斯為財政部長。

許多人都勸林肯收回這一項任命，重新考慮其他優秀的人選，因為薩蒙雖然很能幹，但是心比天高，為人十分驕傲自大。他在總統競選中輸給了林肯，事後卻毫無風度地向媒體放話表示對林肯的不滿，認為自己比林肯還要厲害許多。

落選絲毫沒有削弱薩蒙的氣勢，他仍然像往常一樣，大言不慚地對著總統的位置流口水，這種不懂得該在適當時候閉嘴的人，肯定會為林肯帶來不少麻煩。

林肯聽了大家的建議，卻絲毫沒有動搖他的決定。

他對關心他的朋友講了這樣的一個小故事：「在農村生活過的人一定知道什麼是馬蠅吧！我記得有一次，我和我的弟弟在肯塔基老家的一個農場犁田，我牽馬，他扶犁，那天天氣很熱，那匹馬顯得懶洋洋的，一步一步慢吞吞地走著。不過突然間，牠卻跑得像飛的一樣快，連我都差點追不上，等到我終於接近牠時，這才發現有一隻很大的馬蠅正在叮牠，我順手一拍，就把馬蠅打落了。這時我弟弟問：『為什麼要打落馬蠅？正是這個傢伙才能使馬跑得這麼快啊！』」

林肯接著說：「因此，我學到了一課，如果現在有一隻叫做『想當總統』的馬蠅正在叮著薩蒙先生，只要牠能使他和他的團隊不停向前跑，跑得比平時更快，那我又何必打落牠呢？」

其實，對林肯來說，薩蒙．蔡斯又何嘗不是一隻叮得自己奮力向前飛奔的馬蠅呢？

人生最荒涼的就是功成名就，缺少敵人的時候了。

一直以來，都是週遭那些討厭的馬蠅在刺激你奮發向上，現在好不容易否極泰來、登峰造極，你反而頓失所依，渾身不自在。

這是因爲你缺少了馬蠅的叮擾和刺激，所以失去了鞭策自己繼續向前衝刺的動力。

從前是馬蠅追著你跑，成功之後，想要繼續保持眼前的成果，那就輪到你去追著馬蠅跑了！

埋怨越少，成功越早

叫嚷著不公平的人，一輩子也不會覺得公平，因為現實人生本來就不公平，再怎麼埋怨，也無法使世界變得更合理。

法國文豪羅曼羅蘭說：「只有把抱怨環境的心情，化作奮發向上的力量，才是成功的保障。」

睿智豁達的人會用正面、樂觀的思緒看待問題，至於悲觀、目光淺薄的人，最後就只能任由狹隘的格局束縛自己的人生。

你的特長需要自己不斷的精進，只有你不斷地努力，你的潛力才能無限延伸，你的成就才能讓自己的心理得到平衡。

小張和小林是讀藝專時的同班同學，兩人談話一向投機，作品的風格也很相似，他們經常相約一同出外寫生，而且互相交換繪畫的心得。

當時，年輕氣盛的小張和小林有著共同的抱負，有朝一日，他們一定要成為一個名畫家，為台灣的畫壇增光。

直到畢業之後，兩個人才發現，現實與夢想原來還有那麼大的距離，學生時代的夢想實在太遙不可及了。

小張比較幸運，在畢業後透過了父親的關係，進入了一家大型雜誌社擔任美術設計的工作，而小林求職過程則一再碰壁，最後只好留在學校裡指導小學生上美術課。

為了養活自己，有誰能不為五斗米折腰？要不是小張有個神通廣大的老爸，就憑他那三腳貓的功夫，哪能找到那麼好的工作？小林心裡一直這麼懊惱地想著。

懷著一身才華，卻始終嗟怨天不從人願的小林，原本手上拿的是畫筆，現在卻只能拿蠟筆和紅筆。他在心中暗暗怨嘆著目前的教書的工作，每次只要看見小

張的作品在雜誌上出現，彷彿就像是一把灑在傷口上的鹽巴，更加突顯了他現在的失敗。

他埋怨社會、埋怨總統、埋怨政黨，埋怨雜誌社只認得人情，卻不長眼睛；他埋怨許多人不懂得發掘人才，日復一日地埋怨，但是對自己的處境卻完全不想加以改變。

就這樣，日子一天一天地過去了，小張由於雜誌社資源豐富，工作環境良好，經常能接觸到最新的資訊刺激他的靈感，加上他本身孜孜不倦地辛勤耕耘，幾年之後，他的畫風趨於成熟，並且獨樹一格，成了業界赫赫有名的美術設計師。

他亮眼的成就讓小林終於停止了抱怨，小林看到了對方的成長，所以他已經沒什麼好抱怨，連在心裡不服氣的資格也失去了。

小林長期的怨天尤人，讓自己活在自己建築的囚籠裡，使他這些年來毫無進步，反而不知不覺地往後退，從當初的時運不濟，變成了真正的一無所長，這輩子，他註定只能當個美術老師了，還提什麼當年的夢想呢？

叫嚷著不公平的人，一輩子也不會覺得公平，因爲現實人生本來就不公平，再怎麼埋怨，也無法使世界變得更合理。

而且，如果上帝會眷顧這種只會自怨自艾，卻又毫無建樹的人，那才是眞的不公平。

想要得到公平，那就不要跟比爾蓋茲比財富，不要跟愛因斯坦比科學，不要跟胡雪巖比經商，不要跟達文西比藝術，不要跟曹雪芹比文學……。仔細想想，除去那些個人的特長，你有哪一點不如他們呢？

你欠缺的不是運氣，而是努力。

失敗比成功更快樂？

人生本來就有高低起伏，你該慶幸自己還能有低潮，這表示你以前曾經風光過，以後也才會有東山再起的機會。

如果我們能清楚地了解自己當前的處境，以及未來將走向什麼地方，那麼我們就能更加睿智地判斷自己應該做什麼，自己又不該做什麼。

有一個十分上進的年輕人，從學生時代開始，便以爬上總經理的位置作為奮鬥的目標。畢業之後，他進入了一家大公司，每天努力的工作，甚至以公司為家，晝夜不分地辛勤耕耘。歷經八年的奮鬥之後，他終於得償所願，當上了這家公司

的總經理。

當上總經理之後，他的生活變得更加忙碌不堪，過了一段時間，他發現自己的創造力下降，原本充滿創意的腦袋現在根本擠不出任何東西。這樣的發現使他工作情緒低落，覺得自己就好像一部工作機器，永遠有簽不完的文件、看不完的公文，每天上班下班，週而復始不停地運轉著。

總經理這個職位雖然是他夢寐以求的，卻無法給他帶來任何工作上的成就感，他好懷念從前當小職員的那段時光，每天充滿鬥志，有著層出不窮的創意，到底該怎麼辦呢？究竟是這個位置不適合自己，還是自己根本無法勝任這個位置？

在迷惘中，他去聽了一場演講，演講人說了一段話使他印象深刻，他說：「不管你現在有多風光，有多少成就，先問問自己，十年後的你會變成什麼樣子？」

台上的演講人又說：「如果你看不見自己十年後的樣子，又或者你的想像並不是自己所期望的，那麼這表示你現在的生活方式和工作態度都有問題，你必須重新調整自己的腳步和方向。」

當晚，這個總經理想了又想，試圖描繪出自己十年以後的樣子，他看見自己

變成一個市儈的生意人，他的人生等同於報表上的投資損益比，唯一能讓他高興的只有鈔票和星期天，他一點都不嚮往這樣的生活。

原來實現夢想並不能保證快樂，真正的成功是去做自己想做的事，過自己想過的生活。他終於明白，人生其實還有很多比當總經理更有意義的事情，於是他毅然決然地辭去總經理一職，讓自己從絢爛歸於平淡，重新去找一條真正屬於自己的路。

失敗容易令人迷惘，成功也是一樣。許多人在達成多年的理想之後，卻突然頓失所依，沒有了前進的方向，成功的代價，原來是迷惘。

人生本來就有高低起伏，處於低潮時，你該慶幸自己還能有低潮，這表示你以前曾經風光過，以後也才會有東山再起的機會；而當你站上高峰時，也不要笑得太早，許多人都是從這裡跌下來的。

成功時，先想想看十年後的自己會是什麼模樣，如果你仍覺得若有所失，那麼就先停下腳步，好好地想清楚吧！

不要拿自己的生命當賭注

人的生命只有一條，不要輕易拿來做賭注，不如好好想一想，遇到凶險情況，你是要錢還是要命？

聰明人的下場，通常是反被聰明誤，在生死交關的時候，既想保全性命，又割捨不下身外之物。

千萬不要輕易挑戰你的運氣，因爲你很難像電影情節那麼走運。

有個生意人和他的兒子一起出海到遠方做生意，他們的行李中有滿滿一箱珠寶，為了不引人注目，他們特意把珠寶用破舊的箱子裝著，打算在途中伺機賣掉。

有一天，生意人無意間聽到水手們鬼鬼祟祟，小聲地在角落交頭接耳，生意人知道他們已經發現了這箱珠寶，並準備要謀財害命，而且打算一不做二不休，先把他們父子兩人丟下海，珠寶就可以歸他們所有了。

商人嚇得兩腿發軟，連滾帶爬地回到房間之後，便把他所聽到的一切告訴了兒子，父子倆苦心思索，終於想出了一套自保的辦法。

趁著水手們在甲板上休息的時候，生意人氣沖沖地衝上甲板，一手揪著兒子的耳朵，一邊咒罵著：「你這個不肖子！從來都不聽我的忠告！」

「死老頭！」兒子不甘示弱地喊著：「你說的根本都只是屁話。」

水手們好奇地聚在甲板四周，看著這場父子相殘的好戲。

生意人怒不可遏，馬上衝進他的房裡，拿出那箱珠寶，而且大聲地吼著：「沒有良心的小子！我寧可把它們全部扔掉，也不讓你繼承我的財產，你從我身上是連一個子兒都拿不到的！」

話還沒說完，生意人就在其他人趕來阻攔他之前，把整箱珠寶一股腦全部都扔進了大海裡。

幾天後，輪船終於靠了岸，父子倆一上碼頭，便直奔到法院指控船上的那些水手們居心不良，企圖謀殺及搶奪他們的財物。

法官問水手們：「你們是否親眼看到生意人把珠寶投入大海？」

水手們紛紛點頭，誰忘得了那麼令人扼腕的一件事呢？法官於是判水手們有罪，並判定他們必須賠償生意人的損失，法官說：「人在什麼時候會放棄他一生的積蓄呢？只有在他面臨生命危險時才會這樣啊！」

如果你是故事中的生意人，你會怎麼做？

大部分人的做法應該是斷尾求生，乖乖地主動獻上珠寶，懇求水手們放自己一條生路；畢竟錢財是身外之物，能夠保住性命才能繼續擁有。

生意人看似豁達，其實卻比誰都還吝嗇，而且工於心計，大禍臨頭之時，他不只要保住自己的性命，還想保住自己的錢財，因此才想出了這條「兩全其美」的妙計。

幸虧他遇到的是一群笨海盜，才能僥倖順遂心願，如果遇到的是脾氣暴躁的虎克船長，眼睜睜地看著到手的肥鵝就這麼被活生生的扔下海，難保不把他們父子倆也扔到海裡陪葬去！

人的生命只有一條，不要輕易拿來做賭注，不如好好想一想，遇到凶險情況，你是要錢還是要命？

07

不要讓失敗成爲阻礙

好好學習「失敗」這一課，
失敗固然阻礙了出路，
但也隱約暗示我們應該要轉彎。
失敗不光只是一項考驗，
更是一個啟示。

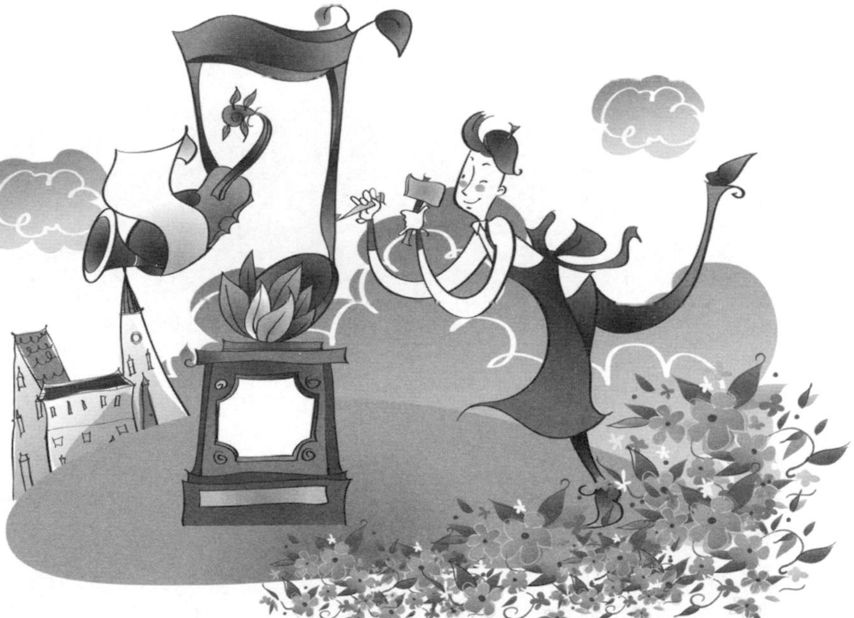

不要讓失敗成為阻礙

好好學習「失敗」這一課，失敗固然阻礙了出路，但也隱約暗示我們應該要轉彎。失敗不光只是一項考驗，更是一個啟示。

美國作家威特勒在《成功的關鍵態度》中告訴我們：「生活中的那些逆境和失敗，如果我們把它們視為正常的反饋來看待，就會幫我們增強免疫力，防禦那些有害的反應。」

人都會遭遇失敗，也會因爲失敗而苦惱不已。失敗雖然令人付出慘痛的代價，但是在這些代價之中，也不乏有令人成長的智慧。只要願意動腦檢討失敗的原因，那麼失敗將會是成功的開始。

有位美國電影製片人，年紀輕輕就晉升為好萊塢二十世紀福斯公司的高階主管。然而，因為他建議拍攝的〈埃及豔后〉票房奇差，加上公司大幅裁員，所以首當其衝，很快就丟了飯碗。

接著，他去到紐約，在新美利堅文庫擔任編輯部副總裁，但是由於和公司董事意見不合，又再次慘遭開除。

於是，他又回到二十世紀福斯公司，這一次，他在公司裡整整待了六年，不過，董事會不喜歡他建議拍攝的幾部影片，所以又一次被炒魷魚。

經過一連串失敗的打擊，他開始靜下心來檢討自己的工作態度。他把自己的行事風格歸納為：敢言、肯冒險、相信自己的直覺。他非常痛恨「委員會」這種以非專業人士指揮專業人士的管理方式，也不喜歡大企業的保守作風。

他發現自己不適合在大機構裡頭生存，但是卻具備了當老闆的特質。最後，他決定放手一搏，自籌資金、自立門戶，後來成功推出了〈大白鯊〉、〈裁決〉、〈天繭〉……等多部膾炙人口的影片，在美國電影製片業中打下了一片江山。

當記者採訪他的成功秘訣時，他回答說：「我是一位失敗的公司行政人員，卻是一個成功的企業家。早年的失敗，只不過是因為我沒有將自己擺對位置，所以無法充分發揮自己的潛力，後來我之所以成功，正是因為我懂得檢討自己為什麼失敗。」

樂聖貝多芬曾經說過：「卓越的人的一大優點就是，在不利與艱難的遭遇裡，他們往往表現得百折不撓。」

很多人把自己的失敗歸咎於「運氣」、「時機」，甚至是「別人」，這些只會怨東怨西卻不願動腦省視自己的人，正剝奪了自己成長的機會，同時也抹煞了自己未來成功的可能性。因此，我們應該好好學習「失敗」這一課，失敗固然阻礙了出路，但也隱約暗示我們應該要轉彎。只要懂得汲取失敗的教訓，便能在一次次的轉彎當中，找出成功的方向。

失敗不光只是一項考驗，更是一項通往成功的啓示。

當你屢戰屢敗的時候，請記得：下次再戰之前，先檢討你的失敗！

誠實，是對人最好的測試

一個誠實的人，即使能力再差也做不出什麼天大的壞事，但是一個不誠的人，就算能力再好，也絕對不會誠心誠意的為你辦事！

在現代社會中，我們越來越感覺不到誠實的重要，反倒是說謊、做假的人，往往比較能佔到便宜。

然而，這只是一時的假象，說謊做假或許可以獲得暫時的利益，但最終還是會被人唾棄。誠實或許不會爲我們帶來什麼好處，但是，不誠實就一定會替我們帶來壞處。

一家大企業招聘高層人員，有一名年輕人通過重重關卡，成為十名複試者中的其中一個。

複試由總經理貝克先生主持。當那名年輕人走進總經理辦公室時，貝克先生馬上從椅子上站了起來，先是露出疑惑的神色說：「是你？你是……」

接著，他露出又驚又喜的表情，主動走上前去握住那位年輕人的手：「原來是你！你知道嗎？我找你找了很長時間了！」

說完，他激動地轉過身去，向其他幾名面試官說：「先生們，容我向你們介紹一下，這位就是我女兒的救命恩人！」

還沒等那名年輕人反應，貝克先生又一個勁地說：「好幾年前，我和我女兒去划船的時候，我女兒不幸掉進了湖裡，當時，要不是這位年輕人見義勇為，跳進湖裡把我的女兒救起來，我還真不敢想像會有什麼樣的下場。真抱歉，那時候我只顧著我女兒，還沒來得及向你說聲『謝謝』……」

雖然很尷尬，但是年輕人還是抿了抿嘴唇，鼓起勇氣說：「很抱歉，我想您認錯人了，我以前從來沒有見過您，更沒救過您的女兒。」

可是，貝克先生卻絲毫聽不進年輕人的話，仍然很熱情地說：「我不可能認錯人！難道你忘記了？三年前的五月二日，就在黃石公園裡，我沒有弄錯，一定就是你！」

「不，貝克先生，我想您一定是弄錯了，」年輕人很肯定地說：「我沒有救過您的女兒，甚至根本沒有去過黃石公園。」

貝克先生看見年輕人堅定的態度，一時之間愣住了。只是，他又忽然笑了起來，對年輕人說：「這位先生，我很欣賞你的誠實，歡迎你加入我們公司！」

年輕人順利得到了他夢寐以求的職位。

進入公司以後，有一次，年輕人好奇地問總經理秘書：「救貝克先生女兒的那個年輕人找到沒有？」

總經理秘書一時之間被問得說不出話來，等到反應過來時，立刻大聲笑了出來，回答說：「貝克先生的女兒？你知道嗎？有七名複試者就是因為他『女兒』而被淘汰了！其實，貝克先生根本沒有女兒。」

當你不知道該用什麼標準去評價別人時，可以想想這個故事。

試問，如果一個人曾經騙過你，之後他說的話，你是否會感到懷疑？如果可以，你會不會刻意和他保持距離？

你敢把重要的事交給他做嗎？你敢把秘密說給他聽嗎？

伴隨「不誠實」的，往往就是「不信任」。人與人之間一旦缺乏信任，就不可能再有自然而眞誠的互動了。

置身在爾虞我詐的社會，當你不知道該用什麼標準評價別人，而苦惱不已時，只需要去評斷這個人是否誠實。

一個誠實的人，即使能力再差也做不出什麼天大的壞事，但是一個不誠實的人，就算能力再好，也絕對不會誠心誠意地爲你辦事！

讓習慣成為助力而不是阻力

一個能夠改掉壞習慣、養成好習慣的人，一定是個有毅力的人，這份毅力，將會在奮鬥的過程中，助你一臂之力。

有句話說：「一個人的習慣有多好，他的人生就會有多好。」相反的，若是一個人有太多壞習慣，他的人生必定也充滿荊棘坎坷。

命好不如習慣好，習慣是決定成敗的關鍵。

當你想改變你的人生時，不妨先想想該怎麼改變自己的習慣。

約翰是大亨身邊的心腹重臣，若要說到拍馬屁，誰都不是他的對手！

每當大亨當眾發言時，他就會在一旁使勁的鼓掌喝彩，久而久之，大亨不管去到哪裡，都習慣帶著他這台「自動拍手機」，就連出門旅遊時，也把約翰當成必備「行李」之一。

有一次，大亨和約翰一同乘坐私人直昇機出外旅行時，飛機突然發生故障，需要緊急跳傘逃生。然而，客艙裡的降落傘只有一個，也就是說，能夠保住性命的，只有先搶到降落傘的那一個人。

大亨二話不說，一把搶走降落傘，轉身就朝窗外跳下去。沒想到約翰一向反應過人，趁著大亨跳傘的瞬間，抱住了大亨的腿，也一塊兒隨大亨跳了下去。

只是，降落傘原本的設計只能承載一個人的重量，現在突然增加了一個人，怎麼承載得起呢？只聽見「啪啪」兩聲，降落傘的傘繩接二連三斷裂。

大亨嚇得臉色蒼白，大聲命令約翰放手。但是，不管他開出多麼優渥的條件威逼利誘，約翰都緊緊黏著他不放。就在這個時候，大亨突然急中生智，清了清嗓子，以沉穩的聲音開始發表演說：「各位先生女士……」

此話一出，約翰就像聽到指令似的，立刻為主人拍手鼓掌喝彩。

他這一拍手，整個身體就直直向下墜去。

好不容易甩掉麻煩的大亨看了，鬆了一口氣，慶幸地說：「幸虧他有這個習慣，要不然我還不知道要怎麼讓他鬆手呢！」

俄國教育學家烏申斯基曾經這麼說：「良好的習慣乃是人在神經系統中存在的道德資本，這個資本將會不斷的增值，而人在一生當中，都享受著它衍生出來的利息。」

明智的人會隨時檢視自己是否養成某些壞習慣，然後立即加以改變，不讓這些壞習慣支配自己。

當你想改變你的人生時，應該要先改變你的習慣。仔細想想看，你身上有多少壞習慣正阻礙著你的進步？再仔細想想，那些成功的人身上，又有多少好習慣是你缺乏的？

一個能夠改掉壞習慣、養成好習慣的人，一定是個有毅力的人，這份毅力，將會在奮鬥的過程中，助你一臂之力。

目光短淺，自然不會有錢

窮人和富人最大的差別，就是在於窮人只想到眼前的溫飽，而富人卻不斷地思索未來。

投資專家曾經做過一項計算：每個人只要每個月存五千塊，連續存個三十年，在正常的投資報酬率下，就可以成爲千萬富翁。每個月存五千塊，對大多數一般薪水階級來說可能不容易。然而，在我們的生活周遭，有人勒緊褲帶也要存錢，有人卻情願把這些錢用來享樂，所以最後的結果是，有人富、有人窮。

當你埋怨自己命不如人時，可以想想造成自己貧窮的原因到底是什麼。

有個富人遇到了一個窮人，覺得對方十分可憐，想要幫助他脫離貧窮。

富人送給窮人一頭牛，囑咐他要好好開墾家門口的那一片荒地。只要春天撒下種子，到了秋天，就可以收穫作物，脫離貧窮。

窮人聽了，滿懷希望地開始奮鬥。

只是沒幾天，他就發現自己的日子過得比從前還要艱困，從前只有自己的食物問題要解決，現在還多了一頭牛要養，日子簡直不是人過的！

於是他想，不如把牛賣了，換成幾頭羊，先殺一頭羊來吃，剩下的可以留下來生小羊，小羊長大了以後可以賣更多的錢。窮人按照自己的計劃去做，只是，吃了一頭羊之後，小羊卻遲遲沒有生下來。人要吃飯，羊也要吃飯，日子又開始難過了，窮人又忍不住再殺了一頭羊來吃，剩下來的羊越來越少。

於是他想，這樣下去怎麼得了，乾脆把羊賣了，換幾隻雞回來，雞生蛋的速度比較快一點，等賣了雞蛋以後，日子就會好過了。

然而，換了雞回來以後，日子並沒有改變，窮人又忍不住殺雞來吃，一直到只剩下最後一隻雞的時候，窮人知道，自己再也不會賺大錢了。於是他想，反正

致富已經無望了，倒不如把雞賣了，換壺酒回來，一醉解千愁，不是很好嗎？

春天到了，富人興致勃勃地送來種子，想要在窮人翻好的土地上播種。只是，他來到窮人家裡，卻發現牛不見了，地也沒有開墾，只看到窮人醉醺醺倒臥在地上。富人失望地轉身走了，窮人依然還是一樣貧窮。

如果窮人能好好保住那一頭牛，一直開墾荒地到春天，或許他便不會再窮下去。就算把牛換成羊，把羊換成雞，只要能徹底執行自己的想法，也可能擺脫窮苦的日子。然而，窮人卻空有想法而沒有做法，欠缺應有的執行力，所以他的未來依然會很難過。

是的，窮人和富人最大的差別，就是在於窮人只想到眼前的溫飽，而富人卻不斷地思索未來。

不要以爲富人有什麼天大的本領，他們只是比一般人更早一步想到未來，比一般人更有執行力而已。當你埋怨自己命不如人時，更大的可能，是你根本沒有把眼光放遠一點，既沒有想法，也沒有做法。

想投機取巧，得先動動腦

還沒有搞懂規則的由來之前，憑什麼挑戰規則？偷工減料只會讓你因小失大，自作聰明的人，往往沒有自己以為的那麼聰明。

當你想踰越某些既定的規則時，請先學習尊重規則，以及訂下規則的那個人，先動腦思索其中的緣由，或是請教訂規則的人為什麼一定要這樣。千萬不要自以爲是，還沒搞清楚狀況就急著投機取巧，還以爲自己的做法最聰明。

當你想踰越某些既定的規則時，可以想想下面這個故事。

有位在日本留學的中國學生，利用課餘時間到日本餐館洗盤子賺取學費。

這家日本餐廳有個規定，就是每個盤子都必須用水洗上七遍，洗盤子的工作按件計酬，洗得越多賺得越多。

這位中國學生為了賺取更多的酬勞，想出了一個方法，只要每個盤子少洗兩遍，就可以在同樣的時間裡多洗好幾個盤子。

結果，他成了全餐館工資最高的洗碗工。

和他一起洗盤子的日本學生非常羨慕他，便向他請教洗盤子的技巧。

中國學生毫不避諱地說：「你看，洗了七遍的盤子和洗了五遍的盤子有什麼區別？所以，只要少洗個兩遍，不就可以多洗好幾個盤子了嗎？」

日本學生聽了，流露出尷尬的表情，雖然當下沒有多說些什麼，但是卻漸漸和這名中國學生疏遠了。

一天，餐館老闆突如其來地抽查餐館碗盤的清潔度。

他用專用的試紙測試每個碗盤，發現中國學生洗的盤子並不合標準。

當他質問這位中國學生時，這位學生卻振振有詞地說：「洗五遍和洗七遍有什麼差別？洗出來的盤子不都一樣乾淨嗎？」

老闆聽了這番質問，並沒有發怒，只是淡淡地對他說道：「你是不誠實的人，請立刻離開。」

中國學生丟了這份賴以維生的工作，只好到另外一家餐館應徵工作。

沒想到，他才剛走進餐館，就被餐館老闆拒絕：「你就是那位只洗五遍盤子的中國學生吧？對不起，我們不能用你！」

接著，第二家、第三家……都是一樣的狀況。

不僅如此，他的房東不久之後也要求他退房，原因是因為他的「名聲」已經影響到了其他同是留學生的住戶。

後來，他就讀的學校也專門找他談話，希望他能轉到其他學校去，因為他影響了別人對這間學校的觀感……

中國學生別無他法，只好收拾行李搬到了另一座城市，一切重新開始。

每當他遇到其他剛來到日本的中國留學生，總是痛心疾首地叮嚀他們說：「記住，在日本洗盤子，一定要洗七遍呀！」

所有規則之所以還沒有被打破，一定有它的道理，想要減少工作流程之前，一定要仔細想想，否則帶給自己的將會是一連串的苦惱。

比如說，日本餐館爲什麼規定盤子要洗七遍，而不是洗八遍？正因爲他們做過研究，發現洗七遍的盤子最乾淨，而洗八遍卻會浪費水！

還沒有搞懂規則的由來之前，憑什麼挑戰規則？偷工減料只會讓你因小失大，自作聰明的人，往往沒有自己以爲的那麼聰明。

停下腳步，就會退步

成功的人永遠都要求自己還要再更好一點，所以成功了！
至於失敗的人只做到了六十分，就以為自己已經達到滿分。

當你覺得自己功成名就時，其實正在慢慢退步當中。

眞正成功的人，從來不會覺得自己已經夠成功或是夠努力，因爲他們永遠都還想要做到更好。

當你想找出自己的成功密碼時，可以想想你是不是下定決心要實踐了？

中國舞蹈界的才俊黃豆豆，身兼舞者、舞蹈老師、上海歌舞團藝術總監等職。

多年以來，他每天早上七點鐘就起床跑步、練舞，從來沒有一天間斷。

就客觀的條件而言，他個子不高、腿也不長，並不是一個「天生的」舞蹈家，然而，最後他卻出人意表地成為「中國第一民族舞蹈家」，並且是許多人心目中的「舞蹈王子」。

黃豆豆說，他永遠都在和自己競爭，永遠停不下來。因為，如果有一天他停了下來，就會發胖，就會退步，所以，他必須一直前進，保持飛翔的感覺。他知道，舞蹈界比其他行業都還來得現實，不能有一次失敗。失敗意味著告別舞台、告別青春，失敗的人，很難有機會再站在舞台的中心。

黃豆豆還說，他的成功秘訣其實和一般人都一樣，就是「一分的天賦再加上九十九分的努力」，只是，他的身邊從來沒有人做到過，但他做到了。

他認為，最令他感到自豪的，其實不是他的成就，而是他徹底實踐了這項人人皆知的成功公式。

大多數人的失敗都有一個共同的原因，就是還不夠努力。

但是，大多數人之所以不夠努力，也有一個共同的原因，那就是認爲自己已經很努力了。

然而，努力是永遠沒有盡頭的，成功的人永遠都要求自己還要再更好一點，即使已經一百分了，還會挑戰一百零一分，所以他們成功了！至於失敗的人只做到了六十分，就以爲自己已經達到滿分。

停下腳步就會退步，當你想找出自己的成功密碼時，請記得，找出密碼並不難，問題是，你眞正做到了沒？

別讓心境影響環境

真正能夠影響一個人的，其實並不是他身處的環境有多麼惡劣，而是他把環境想得多麼惡劣。

第二次世界大戰結束以後，德國被戰火燒成了一片大廢墟。

美國社會學家特地帶著幾名研究人員來到這裡查看，探望了許多戶住在地下室的德國居民，想要了解他們的生活狀況。

查看之後，社會學家問其中一名研究人員說：「你認為像這樣的民族還有機會振興起來嗎？」

「嗯……這個嘛，很難說呢。」研究人員回答。

「但是，依我看，他們肯定能再站起來！」社會學家的口氣異常堅決，引起了眾人的好奇。

「您為什麼這麼肯定他們一定會再興盛起來呢？」研究人員不解地問。

社會學家說：「剛才我們拜訪了這麼多戶人家，你們有沒有注意到他們的桌上都放了什麼呢？」

研究人員想也不用想，就立刻回答道：「一瓶鮮花。」

「那就對了！這個民族在如此困苦的環境中都還沒有忘記愛美，那就說明了他們一定能夠在廢墟上重建家園！」

如果連在最惡劣的環境中都沒有忘記美好的事物，那麼就一定能夠努力爭氣、戰勝環境，並且改變環境。

真正能夠影響一個人的，其實並不是他身處的環境有多麼惡劣，而是他把環境想得多麼惡劣。

如同愛默生所說：「怎麼樣的思想，就會有怎麼樣的生活。」

負面的想法能令城堡變鬼屋，但是一盆鮮花就可以使陋室變天堂。

無論在什麼樣的情況下，我們都不應該忘記生活中美好的部分，因爲對美的渴望能夠驅使我們用心面對生活。只要我們願意用心經營生活，則生活無處不美，處處都值得我們珍惜。

少了自由就失去了自我

所有的美好事物，都是幸福的來源，但是必須以自由為前提。若是擁有了美好的事物卻缺乏自由，行動發展只會處處受限。

飢餓的瘦狼遇到了肥胖的看門狗，瘦狼又好奇又羨慕地問：「你看上去圓滾滾的，多福態啊！我想你吃的食物肯定比我吃的好多了。」

「唉，我吃的東西雖然好，但是，如果你想要吃我吃的東西，就得幹我幹的活。」看門狗一臉無奈地說。

瘦狼繼續問：「那麼你幹的都是些什麼活兒呢？」

「我幹的活說難不難，說簡單也不簡單，就是替主人看家、防賊之類的。」

看門狗無精打采地說。

「那我可以試試嗎？」

看門狗聽見狼這麼說，心想多個同伴和自己一起為主人效力也不錯，就領著狼跑回主人家裡。只是，當牠們到達主人家門口的時候，狼藉著明亮的路燈，發現看門狗的脖子上有一圈明顯的傷疤，驚訝地問：「你的脖子是怎麼搞的？」

「喔，那是因為平時被鐵鏈子套在脖子上，時間一久，就勒成這個樣子了。」看門狗不以為意地說。

「什麼？鏈子？」狼想都沒想過這種事，「難道你平時不能自由自在地隨意走動，還要被套著鐵鏈嗎？」

「是啊，」看門狗回答：「白天的時候，主人怕我亂跑，所以把我拴起來，晚上才把我放出來。不過，這沒什麼大不了的啊，我的主人對我非常好，每一餐都把我餵得飽飽的……喂，你怎麼啦？你要去哪兒啊？」看門狗看見狼正往反方向跑，急切地大叫。

「我要回我的樹林裡去！」狼一邊跑一邊回頭對看門狗說：「雖然樹林裡頭

吃的東西很糟，但是我起碼不用被鐵鏈拴住脖子，失去寶貴的自由。」

幸福，是每個人共同的追求。然而，究竟什麼樣的生活才是幸福？對某些人來說，三餐無虞就是幸福；對另外一些人來說，大富大貴才是幸福；有的人要有愛情才會覺得幸福，有的人要有朋友相伴才能感到幸福，有的人得與親人相守才算幸福。

沒錯，所有的美好事物，都是我們幸福的來源，但是要得到這些，都必須以自由爲前提。只有當你擁有了自由，才能吃你想吃的，做你的想做的，愛你想愛的，成爲你想成爲的。

若是擁有了美好的事物，卻缺乏自由，你的行動發展只會處處受限，無法自己決定自己要過的生活。相反的，只要你是個自由的人，就算沒有舒適的生活，依然可以憑藉自己的力量，自立自強地去開創自由自在的人生，享受爭氣的生命。這不已是最幸福的一種生活了嗎？

08

用不服輸的精神挑戰不可能

試著去挑戰不可能的任務，
才能接觸到嶄新的領域，
鍛鍊出更剛強的自己，
就算最後沒有得到預期的收穫，
也雖敗猶榮。

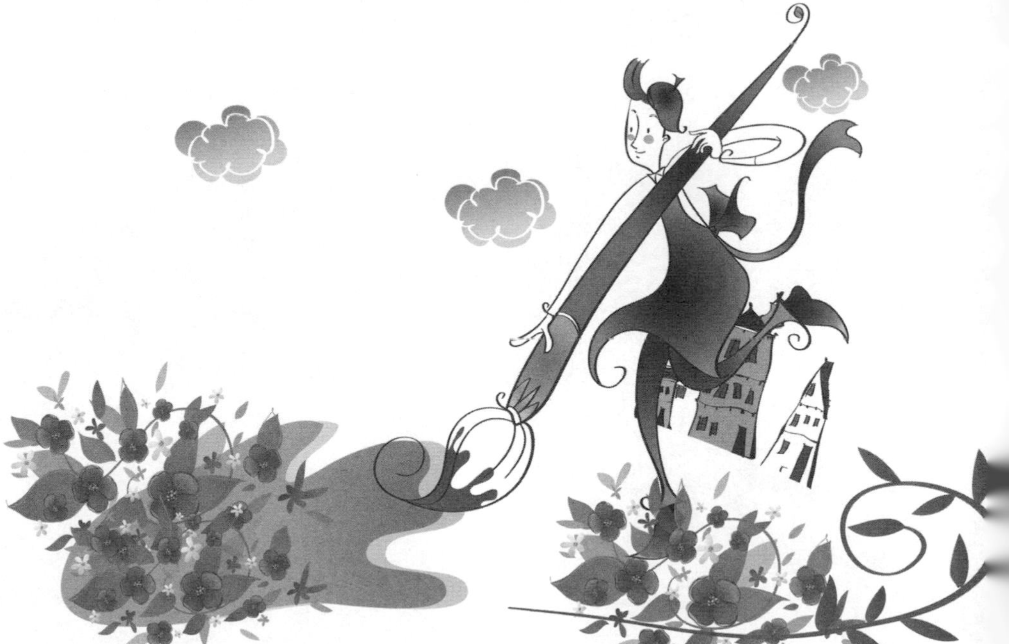

別被現實擊倒心中的堅持

只要真心喜歡，就要堅持到底，到時候，縱使上天不拉你一把，你也能憑著自己的努力實現夢想。

有個小男孩由於反應慢、智商低，人們都笑稱他為「木頭」。

在他十二歲那年做了一個夢，夢到他寫的文章得到諾貝爾獎。夢醒之後，他興奮得想要尖叫，可是為了避免被人嘲笑，最後只把這件事情告訴了媽媽。

他媽媽知道以後，微笑著說：「假如這真是你的夢，那你就努力去實現它吧！我聽說，當上帝把一個美好的夢想放在某個人心中時，他是真心想要幫助那個人去完成。」

男孩相信媽媽的話，從此真的喜歡上了寫作。

他相信，只要他禁得起考驗，上帝就會來幫助他實現夢想。

懷著這份信念，男孩日復一日地寫了三年，但是上帝並沒有來。又三年過去了，上帝還是沒有來，但是希特勒的部隊卻先來了。

身為猶太人的男孩，被送進了集中營。熬過了無數個生不如死白天與黑夜，經歷了人間的最苦與最痛，男孩僥倖存活了下來。一九六五年，他終於寫出他的第一部小說《無法選擇的命運》；一九七五年，他又繼續寫出他的第二部小說，並且持續不間斷地寫出一系列作品。

就在他不再關心上帝是否會幫助他時，瑞典皇家文學院宣布：將二〇〇二年的諾貝爾文學獎授予匈牙利作家凱爾泰斯伊姆雷。那正是他的名字。

美夢成真的諾貝爾文學獎得主，在與人分享他的得獎感言時，他說：「我並沒有任何特別的感受！我只知道，當你打定主意，告訴自己：『我就喜歡做這件事，多困難我都不在乎』時，上帝必然也會聽到你的話。」

其實，成功並不需要有多大的能耐，只需要你繼續做下去而已。

小的時候，有人說，「我要當警察，抓光天下的壞人。」也有人說，「我要當醫生，治好天底下所有的病人。」經過漫長歲月的考驗之後，我們會發現，如果從小堅定自己的志向，並且朝著那方面發展的人，多半都可以完成他們的願望，成爲他們想要成爲的人。

那些沒有實現兒時志願的人，不是他們的運氣比別人差，也不是他們的能力不如別人，而是他們在成長的過程中逐漸忘記了自己的夢想。

他們沒能實現願望，只因爲他們選擇放棄。

能夠堅持到底的人，才是最後的贏家。只要眞心喜歡，就要堅持到底，到時候，縱使上天不拉你一把，你也能憑著自己的努力實現夢想。

勇敢向前，才不會有遺憾

如果想要走出自己的路，必定要忍受旁人異樣的眼光，忍受不被了解的痛苦，才能去到沒有人到達過的境地。

美國少年斯克勞斯受到裁縫師母親的影響，從小就喜歡時裝。

雖然家境貧寒，但是斯克勞斯仍然運用家裡的每一分資源，立志要成為一名出色的時裝設計師。

他經常不顧父親的責備，把母親裁剪後的布角偷來，東拼西湊地做成各式各樣的小尺寸衣服。

漸漸地，小小的衣角已經滿足不了斯克勞斯的創作慾望，有一天，他突發奇

想，把家門口涼棚上撤下來的廢棚布拿來，做成了一件衣服，並且穿著自己做好的新衣服走在街上。

竟然把粗糙的廢棚布穿在身上？這個人簡直瘋了！所有人都覺得斯克勞斯的腦袋有問題，只有斯克勞斯的母親感受到兒子對服裝設計的熱愛，鼓勵兒子去向時裝大師戴維斯請教，她希望自己的兒子將來能夠成為一名像戴維斯一樣成功的時裝設計師。

於是，十八歲的斯克勞斯帶著自己設計的棚布衣，來到了戴維斯的時裝設計公司。當戴維斯旗下所有的設計師看到斯克勞斯設計的衣服時，都忍不住哄堂大笑。這算什麼衣服嘛！粗布做成的衣服怎能算是衣服呢？但是，戴維斯卻看出了斯克勞斯的潛力，將他留了下來。

之後，斯克勞斯在戴維斯的鼓勵下，設計出許多不同款式的衣服，但是這些衣服都有一個共同的特性，就是它們都同樣是運用棚布製成的。

斯克勞斯雖然表現出他獨特的創意，可是卻沒有一個廠商對斯克勞斯的衣服感興趣。整整好幾年，斯克勞斯設計的衣服沒有一件賣得出去，就連戴維斯都開

始對自己的眼光感到懷疑。

一直到後來，斯克勞斯把自己設計的衣服轉往非洲販賣，由於這種粗布衣褲價格低廉又實穿耐磨，立刻引起了當地勞工的喜愛，訂單一筆接著一筆。

斯克勞斯又趁勝追擊，將那些粗布衣服做成適合旅行者穿的款式。人們驚奇地發現，那樣的衣服穿起來不但別有風味，而且不分季節，任何年齡的人都可以穿。一時間，粗布衣風靡了整個時尚圈，那就是以斯克勞斯與戴維斯為品牌的EDWIN牛仔衣。

羅伯．弗洛斯特的詩中寫道：「在人生的路途上，有兩條岔路在我面前，我徘徊、深思了許久，最後，終究是選擇了較少人走的那條，於是，一切不同之處，由此開始。」

如果想要走出自己的路，必定要忍受旁人異樣的眼光，忍受不被了解的痛苦，忍受一路上沒有同伴的寂寞，才能去到沒有人到達過的境地。

如同孟子所說：「雖千萬人，吾往矣！」你的人生是你自己的，就算有千萬

人反對你，也要勇敢前進，沒有人可以替你做決定，也沒有人能夠替你負責，逞一時意氣，只會使自己悔不當初。

如果你認爲某些事情，如果沒有去做就會抱憾終生，就放膽去做吧！先不要去管結果會不會成功，因爲成功只是一時的，但是遺憾卻是一輩子的。

擁有意志力，終會得到勝利

只要你堅持「不服輸，不放棄」，還有什麼東西可以將你擊倒？還有什麼事情可以逼你低頭？

萊德非常尊敬自己的母親，在他心中，母親無疑是全世界最了不起的女人。她沒有一技之長，也沒有受過教育，生下兩個孩子之後失去了丈夫，卻毅然決然背負起養育萊德和他哥哥的責任。

當時，萊德的哥哥才五歲大，而萊德還是個不會走路的小娃娃。

到了萊德九歲的時候，他找到了一份工作貼補家用，在街上兜售報紙賺取微薄的利潤，好減輕家裡沉重的經濟壓力。

第一天出去工作時，萊德非常害怕，因為他要獨自到鬧區去拿報紙，一直賣到天黑，再一個人坐公車回家。

好不容易才熬過了第一天，萊德就對媽媽說，他不要再去賣報紙了。

「為什麼？」媽媽奇怪地問。

萊德理直氣壯地說：「妳不會希望我去的，媽媽。那兒的人全都髒話連篇，非常沒有水準，妳不會希望我在那種鬼地方跟那些人一起賣報的。」

媽媽聽了，只是平靜地說：「沒錯，我不要你跟那些人一樣，但是人家有沒有水準，是人家的事。你賣你的報紙，可以不必跟他們學。」

萊德無力反駁，只好硬著頭皮繼續去賣報紙，他知道這是媽媽希望他做的事，而且換做是他媽媽，她自己也一定會這麼做！

萊德持續做著這份工作，一直到了冬天的時候，路面積雪，站在寒風中萊德凍得四肢僵硬，看起來隨時都會昏倒的樣子。

有一天，一名富太太經過，看到萊德可憐的模樣，好心地遞給他一張五塊美金的鈔票，對他說：「這足夠付你剩下的那些報紙錢了。快點回家吧，否則你在

外面會凍死的。」

但是，萊德並沒有聽從那位女士的話，相反地，他選擇了去做媽媽也同樣會做的事。

萊德婉謝那位女士的好意，然後繼續忍受著寒冷站在馬路上，把報紙全部賣光以後才回家。早在做這份工作之前，他就知道，冬天挨凍是意料中的事，不是偷懶的理由。

他的母親經常告訴他：「要是牛陷在溝裡，你非得拉牠出來不可。哪怕是颱風，或是下雨，不管你喜不喜歡，甚至你身體不舒服，你都沒有別的選擇，一定要把牛拉上來才可以。」

要怎麼樣才可以讓我們熬過生命中最難過的冬天，無論眼前的遭遇多麼痛苦也堅持不放棄呢？

方法很簡單，每當你感到痛苦、想要放棄的時候，告訴自己：「我沒有退路，我非做不可！」

只要這麼想，你就自然而然就能夠繼續撐下去。

當你沒有其他籌碼的時候，唯一僅存的資產就唯有「意志力」而已。

只要你堅持「要學好，要做對」，只要你堅持「不服輸，不放棄」，還有什麼東西可以將你擊倒？還有什麼事情可以逼你低頭？

只要你不讓自己有其他的選擇，便能忠於自己最初的選擇。如此一來，擺在你眼前的，就只會有一條路，那條路的終點，叫做「成功」。

用不服輸的精神挑戰不可能

試著去挑戰不可能的任務，才能接觸到嶄新的領域，鍛鍊出更剛強的自己，就算最後沒有得到預期的收穫，也雖敗猶榮。

不同的格局，讓人走向不同的結局。過去曾遭遇什麼事情，眼前會發生什麼事情，或許不是我們可以左右的，但是，我們絕對可以藉由改變自己的心態，開創更美好的未來。

從小患有小兒麻痺症的她，總是覺得自己和別人不一樣。

因為行動不便，令她感到非常憂鬱和自卑，就連醫生建議她做的復健運動，她也刻意充耳不聞。

為了逃避別人異樣的眼光，她刻意遠離人群。她唯一的朋友，是隔壁一位和她同病相憐，只有一隻胳膊的老人。

老人是在一場戰爭中失去一隻胳膊的，但是他非常樂觀，總是喜歡用幽默的語調講故事給她聽。

一天，她被老人用輪椅推著去附近的公園散步，公園裡有一群孩子在唱歌，每個人看起來都十分認真投入的樣子。

當一首歌唱完，老人提議說：「我們替他們拍拍手吧！」

她吃驚地看著老人，不禁納悶地問道：「我的手臂動也不能動，而你只有一隻手，怎麼鼓掌啊？」

老人笑了笑，舉起他僅存的一隻手，用力拍起了自己的胸膛。

她突然覺得老人這個舉動同時也擊中了她的心。

老人對她說：「看吧，只要努力，一個巴掌一樣可以拍得響。只要妳肯努力，總有一天一定可以站起來！」

那天回到家裡，她主動要求父親帶她回醫院開始做復健。無論復健的過程多麼艱難和痛苦，她都咬牙堅持著。只要身體的狀況有一點進步，她就會花更多的時間來尋求更大的進步。

復健過程帶來的每一分痛苦，都深入筋、刺進骨，但是她仍然不放棄，不斷在心裡告訴自己，一個巴掌一樣可以拍得響，她要像其他孩子一樣行走、奔跑。她一定要康復！

到了她十一歲時，她終於可以扔掉支架，像個正常人一樣自由地行走。但是她仍不滿足，繼續挑戰籃球和其他田徑運動。

一九六〇年，羅馬奧運女子一百公尺賽跑決賽，當她以十一秒一八的成績登上冠軍寶座時，全場觀眾都動容地站起來，齊聲歡呼這個美國黑人女孩的名字：威爾瑪．魯道夫。

她從一個行動不便的孩子，蛻變成為世界上跑得最快的女人。在她的運動生涯中，一共摘取了三面金牌，也是史上第一個黑人奧運女子百米賽跑冠軍。

覺得自己能做到和不能做到，其實只在一念之間。

每個偉大壯舉的完成，剛開始總是令人覺得不可能。但是只要肯去嘗試，就會多一些可能。

生活從來不是簡單的。如果你只肯揀容易做的事情來做，那麼你的生命只會逐漸萎縮。要試著去挑戰不可能的任務，才能接觸到嶄新的領域，鍛鍊出更剛強的自己，就算最後沒有得到預期的收穫，也雖敗猶榮。

不要因為覺得自己做不到，就喪氣不去做你應該做的事，事情的結果不能光憑感覺來判斷，非得要眞的去做了，你才會眞的得到結果！

勤奮不懈，凡人也能成就大事業

正所謂「一勤天下無難事」，天底下沒有到不了的地方，只是看你願不願意走而已。

國王想從四個王子中挑選出一位接班人，為了考驗四個王子當中誰最優秀，國王決定讓他們分別前往一個叫做卡倫的地方，只要誰可以最先帶回一朵卡倫那兒特有的藍色玫瑰花，誰就可以成為國王的接班人。

只是，卡倫這個地方據說從來沒有人成功的到達過，到卡倫的途中，必須翻過崇山峻嶺，穿過草地、沼澤，還要涉過無數條江河，沒有人能夠正確地說出來卡倫究竟有多遠，究竟要花多少時間才能夠抵達。

儘管如此，四個王子還是勇敢地出發了。

大王子乘車走了十幾天，翻過了三座大山，來到一片一望無際的大草原。他詢問附近的人家，知道要到卡倫還得要先穿過草地，跋涉過沼澤，接著還要穿越大河、雪山……聽完之後他立刻決定打道回府。

二王子乘車穿過了草地，來到了沼澤前面，看見沼澤沒有辦法坐車通過，就決定掉頭回家。三王子把車子留在草原上，成功地涉過沼澤，接著再穿越了兩條大河，一直走到腳磨破了，疼痛難耐，他才決定放棄。

一個月以後，三個王子陸續回到了皇宮，向國王稟報他們沿途的見聞。每個王子都強調，他們沒有到達卡倫，不是因為他們沒有盡力，而是因為卡倫實在太遠了，根本不是人的能力所能及。

但是，又過了五天，小王子風塵僕僕地回來了，手上拿著一朵卡倫特產的藍色玫瑰。他興奮地對父親說，卡倫雖然真的很遠，但是其實也並沒有如同想像中那麼遙不可及。

國王滿意地笑了，決定任命小王子為王位的繼承人，因為他的四個兒子當中，

只有最小的這個兒子明白：腳始終都比路長。

天底下沒有到不了的地方，只是看你願不願意走而已。

小王子不一定是四個王子當中最英明、最強壯、最有能力的那一個，他之所以能夠脫穎而出，只因爲在別人都放棄的時候，他並沒有放棄。

造成一個人成功的條件未必是高學歷、高知識、高智商，更有可能只是每個人都可以具備的勤奮、勇氣、毅力。

正所謂「一勤天下無難事」，只要你確知自己的目標是什麼，並且爭氣一些，願意咬緊牙關走下去，那麼即使你用的是最笨的方法，也一樣可以完成聰明的事，成就一番大事業。

懂得忍耐才有機會成為表率

每個成功的人，都有一份刻苦的情操。他們之所以能夠忍人所不能忍，是因為他們把痛苦當成生活的一部分，坦然地接受。

古河出生於貧苦人家，從小就靠著幫人做豆腐維生。雖然他不像其他同年齡的孩子可以無憂無慮地讀書玩耍，但是卻一點兒也不埋怨。相反地，不管什麼時候看到他，他的臉上卻總是堆滿了笑容。客戶們喜歡吃他做的豆腐，更喜歡看他笑著做豆腐的模樣。

古河長大以後，改行去幫人收債。這不是一件好做的差事，因為被追債的人根本不可能給他好臉色看。

但是古河不改他的好脾氣，總是彬彬有禮地對人說話。若是欠債的人不理他，把他一個人晾在門口，古河就一直坐在門口，不吃飯，也不說話，就這麼靜靜地微笑著，從天黑坐到天亮，再從天亮坐到天黑。

欠債的人看見古河又飢又冷，卻仍然滿臉笑意沒有一點生氣的樣子，往往都會被他感動，立刻想辦法籌錢交還給他。

後來，古河買了一個廢棄的銅礦坑，成為日本的礦業大王。

當人們問他有什麼的成功秘訣時，古河這麼說：「我的成功秘訣，無非只是忍耐二字。」

成功原本就不是一件容易的事，而且通常越是接近成功的時候，越是困難重重。因此許多人總是在最後關頭放棄，功虧一簣，只有少數人能夠堅持到最後一刻，得到眞正的成功。

每個成功的人，都有一份刻苦的情操。他們之所以能夠忍人所不能忍，是因爲他們把痛苦當成生活的一部分，坦然地接受。

別人給他難堪，他就設法讓自己不覺得難堪；環境令他痛苦，他就努力在痛苦當中尋找快樂。

正是因爲他們始終保持一顆樂觀的心，相信自己的等待會有結果，相信自己的忍耐會有回報，所以他們總是能夠忍受最大的痛苦，不因爲一時賭氣，做出令自己後悔的事，因此才能獲得最大的成功。

不想放棄，就要多加爭氣

只要對生命仍然充滿希望，不輕易放棄自己的人生，對一個人而言，還有什麼事情比擁有這種積極的想法還要幸運？

有個富翁在一夕之間賠光了家產，並且欠下了大筆的債務。他失去了他的房子、汽車，就連妻子和子女也都離開了他。

唯一陪伴他的，只剩下一隻他養育多年的老狗。生意失敗的老人帶著他的狗四處飄零，走過一村又一村，怎麼也找不到一個落腳之地。

一天夜裡，天空忽然飄起了大風雪，老人身無分文，只能穿著單薄的衣衫躲在一處偏僻村莊的破廟裡。

那晚寒風刺骨，老人感到無比地絕望，甚至想要結束自己的生命。幸好始終陪伴在他身邊的老狗給了他一絲安慰，讓他對人世還有一些眷戀。

沒想到隔天一早，老人一覺醒來，竟然發現他心愛的狗被人殺死在廟門外。天哪！上天對他實在太殘忍了！他實在找不到任何理由繼續活下去！

老人決定再看這個世界最後一眼，然後就追隨他的狗而去。這時，他察覺到一件不尋常的事：整個村莊安靜得可怕，一點人的聲音都沒有。

老人不由得快步走到街上去，啊，怎麼會這樣呢？

只見整個村莊四處除了屍體，還是屍體，一片狼藉，一個活口也沒有留下來，顯然是昨晚遭到了匪徒的洗劫。

看到這種悲慘的場面，老人不禁心念急轉，村中所有的人都死了，只有他是唯一的倖存者，那麼他又怎能不堅強活下去呢？

雖然失去了財富，失去了家人，失去了心愛的狗兒，但至少他還擁有生命，這才是人生最寶貴的東西的，不是嗎？打從破產以來，老人第一次重新展開了笑容，雖然他的遭遇很不幸，但是他卻已經比很多人都幸運。

人生來就是不平等的，當你感慨自己比不上別人的時候，不妨想想那些不如你的人，你會發現，上天對你其實已經是多麼的偏愛！

當你感到自己的人生已經了無希望的時候，轉頭看看其他人吧，在很多方面其實你已經比很多人都還要幸運。

或許你破產，或是失去了最愛的親人，抑或是因爲意外而有了肢體的殘缺，或許你歷經了諸多的不幸，然而只要你還活著，只要你願意爭氣一些，就能夠開創另一番全新的生命。

只要對生命仍然充滿希望，不輕易放棄自己的人生，對一個人而言，還有什麼事情比擁有這種積極的想法還要幸運？

不逃避，才更有勇氣

只要是我們應該做的事，我們就不應該找藉口逃避，應該更加爭氣，全力以赴地去做。

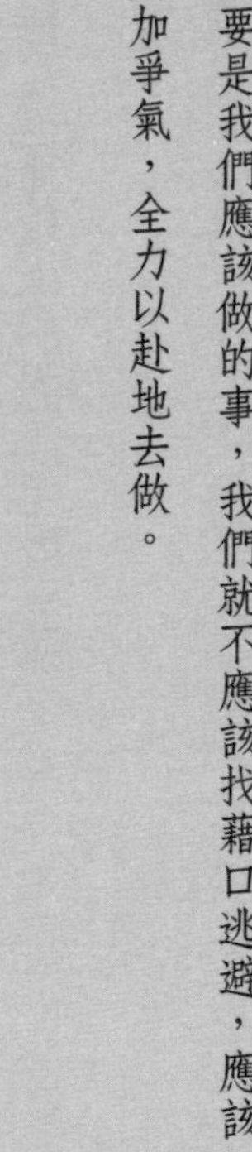

有一個小小的漁村，這裡的居民世世代代都以捕魚維生。

幾百年以來，漁民們每天都出海打魚，也像幾百年來一樣，不是所有的人都可以平安返航，特別是在風暴怒吼、波濤翻滾的秋天。

然而，不管人們聽到了多少次自己的親人、夥伴的死訊，他們都仍然硬著頭皮，繼續為父兄們遺留下來的這份危險而繁重的事業奮鬥。

他們知道，想要居住在這塊土地上，不向海洋挑戰是不行的。

海岸邊，迎海矗立著一塊巨大的花崗岩。打從很久很久以前，漁民們就在石頭上刻下了這樣一段題詞：**紀念在海上已死和將死的人們，令外人看了感到既傷心又無奈。**

然而，這裡的漁民們卻一點都不感到悲傷，他們認為這是一句很勇敢的題詞。它說明了，就算明知道會死，人們也永遠不會屈服，不管在多麼艱難的情況下，他們都要繼續自己的海洋事業。

這段話不只是獻給那些願意為事業犧牲的人們，更是為了要紀念那些曾經征服和將要征服海洋的人們。

人生最大的恥辱不是恐懼死亡，而是恐懼生命中所遭遇到的挑戰。

安全平穩的道路，每個人都會走，但是想要走出一條與眾不同的路，勢必要經歷一些危險、一些恐懼、一些未知的體驗。

只要不怕失敗和挫折，就可以拓展自己的潛能，超越從前的自己。

過去沒有人做到的事情，你未必做不到，只要你跨越了恐懼那道關卡，你會發現自己什麼事情都做得到。

我們可以因爲某件事情「不值得做」而不去做，但是我們不可以因爲「害怕」而不去做。只要是我們應該做的事，我們就不應該找藉口逃避，應該更加爭氣，全力以赴地去做。

不管遇到任何難關，我們都要告訴自己：「環境沒有問題，問題都發自我們的內心。」如此一來，我們才能克服環境，登上人生更高峰。

目光精確，才能緊抓機會

人的世界並不像自然界那般四季分明。我們怎麼知道寒流過了還會不會再有另一波更冷的寒流？

傑森九歲那年的冬天，爸爸帶他到爺爺家一起過聖誕節。

爺爺家門口有一排無花果樹，其中有一棵樹的樹皮已經剝落，枝幹也不再呈現暗青色，而是已經完全枯黃。

傑森像發現新大陸似的，著急地對爺爺說：「爺爺，那棵樹已經死了！我們趕緊把它砍了吧！另外再種一棵。」

可是，爺爺卻不這麼認為，回答說：「也許它現在看起來的確是不行了，可

是說不定它是正在養精蓄銳呢！等到冬天過去以後，或許它還會萌芽抽枝。孩子，你要記住，不要在冬天的時候砍樹。」

爺爺說得沒錯，第二年春天，這棵在冬天明明已經枯槁了的無花果樹，居然真的重新萌生新芽，和其他的樹木一樣感受到了春天的氣息，除了幾根壞死的枝芽以外，其餘的部分仍然充滿了生命力。

到了夏天，整棵樹看上去和其他健康的樹根本沒有分別，它們都是一樣地枝繁葉茂，綠蔭宜人。

當情況最壞的時候，不要就此放棄，因爲說不定事情還會有轉機。對樹而言，影響它們生長的最大因素是天氣；對人而言，決定他們成功與否的因素則是景氣。

景氣越壞的時候，越要撐下去。只要你撐得過去，等到景氣復甦的時候，說不定還可以有一番作爲，要是在那個時候放棄了，便永遠不會知道自己錯過了什麼大好機會。

然而，對人而言最困難的不是熬過低潮，而是人的世界並不像自然界那般四季分明。在自然界裡，我們可以清楚地知道冬天來了，春天也不遠了。但是在社會上，我們怎麼知道幽深的山谷之下還會不會有更深的谷底，寒流過了還會不會再有另一波更冷的寒流？

能夠讓我們依靠的準則或許不是「不要在冬天的時候砍樹」，而是當冬天過去之後，樹卻沒有絲毫生長的跡象時，就趕快很下心來把它砍掉吧！

09

歷經磨練
就能成長蛻變

讓自己脫去外殼，
改掉舊有的習慣事物，
重新適應新規範的過程想必痛苦，
但這就是成長所必須要付出的代價。

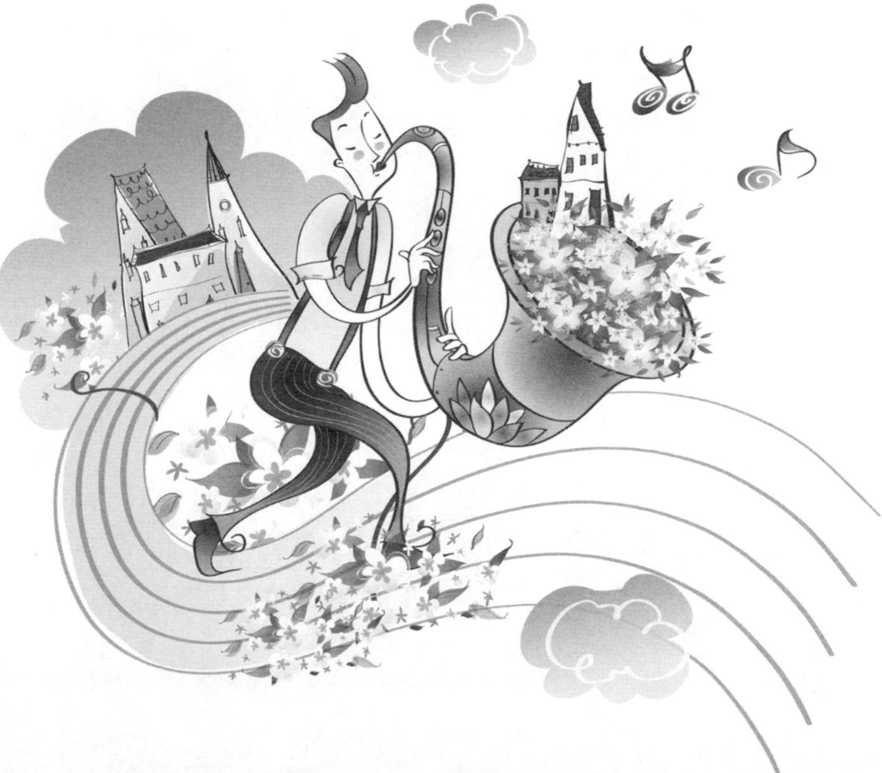

陰影的背後一定有陽光守候

如果再不努力尋找陰影背後的陽光，我們的社會只會變得更加黑暗，我們的心也只會蒙上更多的陰影，越來越看不見太陽。

一次校外教學途中，老師帶著學生經過一條風光秀麗的河邊時，無意中瞥見一對年輕情侶正坐在河邊，熱情地擁吻著。

所有人都見到了這尷尬的一幕，老師趁機問學生說：「同學們，看到眼前這個情景，你們心裡想到了什麼？不用不好意思，大膽地說出來吧！」

有人說，他想到了限制級電影。

有人說，他想到了兒童不宜。

大多數同學想到的，都是比較負面的評價，他們覺得在公眾場合接吻，是不正經，甚至可以說是下流的行為。

「我很高興你們把心裡的想法都說出來了，但是，我要問問大家，你們知不知道這兩個人為什麼要在河邊擁吻呢？」老師接著問。

有同學回答說是因為慾火焚身，也有同學回答說是因為那個女生太漂亮了，甚至有同學開玩笑地說他們是在援交，但是老師對這些答案都不滿意。

只見老師搖了搖頭，拾起一根木棍，在泥土地上寫了一個字，那是一個大大的「愛」字。

同學們看了，個個無言以對。

老師於是說：「人與人之間有那麼多美麗的情感，為什麼你們偏偏只看見那些醜陋的東西呢？想想看，在這個景色秀麗的地方，他們那麼忘情地吻著對方，此時此刻，他們的心裡一定充滿了愛。所以，我們不應該只看到陰影而忽略陽光啊！現在，再看看這一對情侶，告訴我，你們想到了些什麼呢？」

同學們的回答相當踴躍，有的說心心相印，有的說白頭偕老，有的說濃情蜜意，他們心中充滿了好的念頭，所以也看見了這個世界美好的一面。

這位老師說得眞好，我們的確不應該「只看到陰影而忽略陽光」。因爲有陽光，才能夠形成陰影，所以我們在看見壞事情的時候，也一定能夠發現一些好的地方。世事沒有絕對的好，也沒有絕對的壞，而是你把它想得多好，它就會有多好；你把它想得多壞，它便只會更壞。

我們的人生態度是正面還是負面，決定了我們身處的世界是美好還是醜惡。眼看電視上的壞新聞一天比一天多，社會風氣一天比一天惡劣，如果再不去努力尋找陰影背後的陽光，我們的社會只會變得更加黑暗，我們的心也只會蒙上更多的陰影，越來越看不見太陽。

珍惜擁有，失敗不是盡頭

失敗不是盡頭，而是另外一個開頭。雖然失敗意味著「不成功」，但是並不代表你「不幸福」。

有個男人很年輕就結了婚，並且生了一個孩子。在別人眼中，這是多麼美滿幸福的小家庭呀，但是男人卻一點兒也不感到滿足，他覺得他的小家庭和其他豪門望族相比，實在是太寒酸了。

男人一心一意想要追求更好的生活、更多的財富，因此離開了家鄉，獨自一個人到外面去打拼，偶爾回到家裡，滿腦子想的也都是下一次再出外賺錢的計劃。多年以來，他從來沒有盡過做丈夫以及做父親的責任，幾乎忘了自己的妻子長什

麼模樣，甚至連自己的孩子幾歲了都搞不清楚。

一直到在一次投資中破產了，男人才總算興起了回家的念頭。從前他每次回家都只是為了休息睡覺、把賺來的錢交給家人，只有這一次，他是真的想要回到家裡，抱抱妻子和孩子，感受一下家庭的溫暖。

當他的妻子來替他開門時，妻子一看到丈夫失意的眼神、垂頭喪氣的樣子，頓時什麼都明白了。

男人像是抱著救生圈似的一把抱住妻子，泣不成聲地說道：「完了，一切都完了，我多年來努力的心血全毀了，我現在什麼都沒有了，我再也沒有辦法給這個家什麼了。」

「不，一切都還沒有完，一切都才剛開始呢，」男人的妻子用手輕撫著丈夫的臉，臉上露出了這些年來從未有過的平靜笑容：「你的心終於回來了，這是我們全家人真正幸福生活的開始，只要我們一家人守在一起，大家踏踏實實、勤勤懇懇地過日子，就已經是世界上最幸福的生活了啊。」

失敗給人最大的禮物，就是讓人可以重新檢視自己的人生，明白哪些東西是眞正重要的，又有哪些東西是不必要的。

因此，失敗不是盡頭，而是另外一個開頭。雖然失敗意味著「不成功」，但是並不代表你「不幸福」。不要因爲一時的失敗而喪氣不肯努力，此時正是要更加爭氣的時候。

正所謂「有失必有得」，當你一無所有的時候，反而可以更加清楚地看見哪些朋友才是你眞正的朋友，哪些財富才是你永遠不會失去的財富，以及那些人才是眞正愛你，永遠在你背後守護你的人。

所謂「患難見眞情」既然看見了眞情，就要懂得珍惜。否則，當你下一次面臨失敗的時候，就會知道什麼才是眞正的「一無所有」。

仰望金山，不如做自己的靠山

任何人都只能幫得了你一時，不能幫助你一輩子。如果只是一味地等待別人雙手奉上禮物，那麼你只能得到短暫的安寧。

十九歲的傑斯生長在一個富裕的家庭裡。

一天，傑斯聽完歌劇回來，在家門口遇見了一個和他差不多年紀的青年。那個青年身上穿著單薄的衣服，看起來好像已經好幾天沒有吃飯，他正呆呆地望著傑斯住的那一棟漂亮的房子，羨慕之情全寫在臉上。

傑斯看了感到非常好奇，便走上前去問那名青年說：「為什麼你要一直看著那間房子呢？」

青年回答說：「我一直有個夢想，就是希望能夠擁有一間屬於自己的房子，讓自己過著安定的生活。對街的那棟房子實在太漂亮了，簡直和我夢裡的景象一模一樣。只是，這個夢想離我非常遙遠，我恐怕一輩子都沒有辦法將它實現。」

傑斯聽了，動了惻隱之心，繼續問那名青年：「能不能請你告訴我，離你最近的夢想是什麼？」

「哈，依照我現在的狀況，只要能夠讓我在一張沒有蟲子的床上睡上一覺，就已經謝天謝地了！」

「這有什麼難的呢？」傑斯聽完笑了笑，很慷慨地說：「就讓我滿足你這個小小的願望吧！」說完，傑斯便大方地帶著他新認識的朋友來到他富麗堂皇的家裡，並招待他到客房過了一夜。

只是，隔天一早，傑斯推開客房的門，卻發現他這位新認識的朋友並沒有睡在柔軟舒適的床上，而是躺在床邊一張硬梆梆的長椅上。

傑斯驚訝地問：「為什麼你不睡床而睡椅子呢？」

青年笑了笑，很真誠地握著傑斯的手，對他說：「謝謝你，你不曉得你幫了

我多大的忙，不僅讓我在這裡度過了別具意義的一晚，而且還讓我知道，從今天開始，我要出發去為自己爭取一張屬於我自己的床。」

此時，傑斯從青年眼中看見的，不再是鬱鬱不得志的苦悶，而是一張充滿鬥志和信心的臉。

短短的一個晚上，失意的青年並不恣意地享用別人的恩惠，反而藉此看清了自己的人生方向，明白如果自己想要擁有如此富裕的生活，就必須要靠自己的力量努力爭取才行。

任何人都只能幫得了你一時，不能幫助你一輩子；一個再怎麼善良的人也只能提供你一夜好眠，而不能給你一張真正屬於你的床。所以，追根究柢，人到頭來還是得靠自己。

問題從來不是出在別人、上蒼或是命運，而是出在自己身上。如果你只是一味地等待別人雙手奉上禮物，從不想靠自己爭取榮譽，那麼你只能得到短暫的安寧。只有憑藉自己雙手，爭氣打拼而來的東西，才能確保你一世平安快樂。

無謂的期待將被空虛取代

人生最大的苦惱並不是做不到自己想要做的事，而是根本不知道自己想要做些什麼。因此，想要驅除煩惱，就必須先釐清思緒。

有個人覺得生活太平淡了，所以天天期望能夠有什麼事情發生，好讓自己無趣的人生變得精采。每天睡覺以前，他總是誠心誠意地向上帝祈求奇蹟出現。日復一日，他的誠意終於感動了上帝。

一天，正當他跪在床邊祈禱時，上帝突然出現在他面前，問他說：「你每天都祈求我讓奇蹟出現在你的生活中，究竟你想要的是什麼樣的奇蹟呢？」

「嗯……」這個人想了想，回答說：「我想要的奇蹟，就是那種做夢都想不

到，完全出乎我的意料的事情。」

上帝聽了，點點頭對他說：「好，我答應你的請求，你等著吧，你要的奇蹟明天就會出現了。」

言猶在耳，上帝卻已經失去了蹤影。這個人開始焦急地等待，可是他從黎明等到深夜，一連等了好幾天，卻什麼奇特的事情也沒有發生。

終於，他忍不住仰望夜空，向上帝質問道：「上帝啊，你不是答應我要給我奇蹟嗎？為什麼我卻沒有看見呢？」

「怎麼會？我早就給你奇蹟了呀。」只聽見上帝的聲音從雲層中飄來，「你不是說奇蹟就是你做夢都想不到、完全出乎你意料的事情嗎？我答應給你奇蹟，結果卻什麼事情也沒有發生，這不也是你做夢都想不到的嗎？」

「其實，你大可不必期待什麼奇蹟出現，因為奇蹟早就已經隱藏在你的生活中，只是你自己一直沒有看見。現在你應該明白，除了你自己以外，世界上根本沒有任何人可以為你創造奇蹟，如果你自己不給自己奇蹟，那麼就算是上帝也沒有辦法幫你。」

最沒有意義的人生，其實不是整天期盼著奇蹟出現，而是連自己想要什麼樣的奇蹟都不知道。

「奇蹟」這兩個字聽起來很虛幻，換個實際一點的字眼，所謂的「奇蹟」無非也只是存在於每個人心中的「夢想」而已。

每個人都有等待奇蹟的權利，每個人也都有做夢的自由，重要的是，你知不知道你的夢想是什麼？

不管是多麼天馬行空的夢想，只要有夢，我們的人生就有了目標。

我們不僅可以在做夢的時光中得到快樂，也可以在不做夢的時間裡仔細思索讓美夢成眞的各種可能。但若總是在祈求一些「連做夢都想不到的好事」，恐怕只會做出一些連做夢都想不到的傻事。

人生最大的苦惱並不是做不到自己想要做的事，而是根本不知道自己想要做些什麼。因此，想要驅除煩惱，就必須先釐清思緒；想要改變生活，就要先爲自己訂下改變的目標，爭取榮耀。

歷經磨練就能成長蛻變

讓自己脫去外殼，改掉舊有的習慣事物，重新適應新規範的過程想必痛苦，但這就是成長所必須要付出的代價。

一天，龍蝦與寄居蟹在海中相遇。

寄居蟹看見龍蝦正把自己的硬殼脫掉，露出嬌嫩柔軟的身軀，非常著急，緊張地問：「龍蝦啊，你是頭殼壞掉了嗎？怎麼可以把保護自己身體的外衣脫掉呢？難道你不怕遇到會吃蝦的大魚，或是撞到堅硬的礁石嗎？這攸關性命的事可不能開玩笑啊！」

只見龍蝦氣定神閒地回答：「謝謝你的關心，可是你不了解，我們龍蝦如果

想要長得更大，就必須先脫掉舊殼，才能生長出更堅固的外殼。雖然這樣會讓自己面臨危險，但是也只有這樣才能讓自己將來發展得更好。」

寄居蟹聽了，感到非常慚愧。牠長這麼大，只知道活在別人的護蔭之下，卻從來沒有想過如何令自己成長得更強壯，難怪牠永遠都只是個體型渺小、備受限制，又不受人重視的寄居蟹！

讓自己脫去外殼，改掉舊有的習慣事物，重新適應新規範的過程，想必是既掙扎又痛苦的，但這就是成長所必須要付出的代價。

如果你夠努力，夠積極，就不會讓自己習慣於「舒服」的環境。因爲，人必須在一定的壓力之下才會成長，在適度的競爭當中才會進步，在遭受挫折的時候才會逼自己爭氣。

一個成功的人永遠不會滿足於現狀，因爲他知道，就算狀況不改變，環境也會改變。他可以選擇停下來休息，但是時代的浪潮卻從來不會有片刻的平息，一旦他停下來，很快就會被後浪追上，被時代淹沒，所以他只能不斷往前走，不斷

脫去舊的殼，鍛鍊出嶄新的力量。

回首昨天的自己，如果你是滿意的，那麼或許你正過著和寄居蟹一般的生活；若是你覺得不滿意，那麼就請你捨棄過去的自己，重新出發，爲自己打造一件更堅強更合身的新外殼吧！

認識自己才能享受生命

我們每天都聽很多人說話，我們每天也都對很多人說話，但是是否每天都記得撥點時間來跟自己對話？

澳洲一位動物學家從亞馬遜河流域帶回兩隻猴子，一隻體型壯碩，猶如黑金剛；一隻瘦小孱弱，是隻名副其實的瘦皮猴。

動物學家把牠們分別關在兩只籠子裡，給予同樣的環境，同樣的飲食。然而，一年之後，大猴子莫名其妙地死掉了。

為了不中斷研究，動物學家又託人從亞馬遜河流域找來另外一隻強壯的猴子。這隻猴子看起來比死去的那隻更大更強壯，可是才不到三個月，這隻猴子卻又因為不明原因突然死亡。

動物學家感到非常疑惑，於是對兩隻猴子的屍體進行了解剖，可是卻依然找不出猴子死亡的原因。秉持著科學家追根究柢的精神，動物學家決定親自重返亞馬遜河，對那兒的猴群進行徹底的研究。

結果發現，在猴群中體型比較健壯的猴子，人際關係通常也比較好。當其他猴子弄到食物時，牠們總能分到一份，當牠們自己找到食物時，也非常樂於和同伴分享。這類猴子喜歡團體生活，大部分時間都在和其他猴子追逐嬉鬧。

那些喜歡獨自在角落中閉目養神的猴子則不同，牠們很少和其他猴子往來，所以往往分不到食物，因此都長得比較弱小。

當這兩種猴子被人類捉住以後，習慣獨處的猴子很快就可以適應籠子裡的生活，但是喜歡交際的猴子卻往往活不過一年。或許，應該這麼說，不善於交際是生命中的一種缺陷，但是不善於獨處卻會為自己帶來災難。

我們每天都聽很多人說話，我們每天也都對很多人說話，但是是否每天都記

得撥點時間來跟自己對話？

當我們總是周旋於人群之中，不斷接收不同的訊息，不停釋放不同的情緒，我們內在的本質很容易一下子就被掏空。

沒錯，你是社會中的一份子；沒錯，你是團體中的開心果；沒錯，你是眾人眼中的焦點；沒錯，你是公司裡不可或缺的要角。

但是，你究竟知不知道自己是誰？

你是你？是一個人？還是只是某個名字而已？

五分鐘也好，十分鐘也好，我們每天都應該花點時間來和自己相處。做一些事，或不做一些事，眞正地貼近自己的靈魂本質。

也許獨處會讓你感到寂寞，也許獨處會讓你感到悽涼，但是唯有能和自己好好相處的人，才懂得如何和別人好好相處。

只有當你懂得如何享受一個人的世界的時候，這個世界才會以你想要的方式來對待你這個人。

增加實力克服困境

如果不想被輕易打倒，那麼就要增加自身的重量：一是增加自己肚子裡的墨水，二是增加自己堅毅的決心。

一個十歲的小男孩在父親工作的葡萄酒廠幫忙看守裝葡萄酒用的橡木桶。每天早上，他都會認真地用抹布將木桶一個一個擦拭乾淨，然後再一排一排擺放整齊。然而，每天早上他都氣憤地發現，昨天好不容易排好的木桶，才經過了短短一夜，就已經被風吹得東倒西歪。

幾天下來，小男孩覺得很無奈，委屈地向父親哭訴這件事情。

父親聽了，安慰他說：「別傷心，這個問題雖然很麻煩，但總是有方法可以

解決。你快想想，有沒有什麼辦法可以征服風呢？」

小男孩聽從父親的話，擦乾眼淚，坐在木桶邊認真地思考了起來。

他想，木桶之所以會被風吹倒，是因為木桶本身的重量太輕了。那麼，有沒有什麼方法可以使木桶的重量變得比較重呢？

有了！小男孩從井裡挑來一桶一桶的清水，把它們倒進空空的橡木桶裡，這下子別說是風了，就連人也很難移動它們。

第二天早上，小男孩一大清早就爬了起來，跑到放置木桶的地方去查看。他的苦心沒有白費，那些木桶仍然一個個整整齊齊地並排在原地，小男孩從中明白了一個道理：不想被風吹倒，就要增加物體的重量；不想被麻煩擊倒，就要加深自己思考的深度與廣度。

只有當你本身的份量足夠的時候，才不會爲小事困擾。

人可以被打敗，但是不能被打倒。

每個人的力量都是有限的，我們難免都會遭遇失敗，但是在眞正面臨失敗以

前，我們絕對不可以倒下，也不可以爲了一點小事而放棄努力。

如果不想被輕易打倒，那麼就要增加自身的重量：一是增加自己肚子裡的墨水，二是增加自己堅毅的決心。

當你有能力又有決心要爭回一口氣時，還有什麼事情能夠令你放棄？還有什麼風能夠把你吹倒？

一個渴望成功的人或許會無可避免地面臨失敗，但是在奮鬥的路途上，無論遇到多少艱難險阻，他都不會允許自己倒下。因爲，他的決心堅定得像座山一樣，那是連狂風也颳不走的。

把挫折當成生命寶貴的一課

讓孩子從小養成「吃苦就是吃補」的忍耐力，在挫折中學習成長，並從中培養解決問題的能力，才是真正對孩子好。

哲學家培根曾說：「子女中那種得不到遺產繼承權的幼子，通常會透過自身的奮鬥獲得好的發展，坐享其成的人，很少能成大業。」

每個父母都是一心希望孩子成材，但若因爲疼愛孩子而把孩子捧在手心，怕他餓著、摔著、凍著，反而只會造成孩子低能、依賴、缺乏面對挫折的能力，將來必定無法爭得成就。

加里·里滿在他的著作《動物園觀察》中仔細描繪了新生的長頸鹿如何學習牠的第一課。

長頸鹿寶寶的生活打從一出生就不輕鬆，牠從母親的子宮裡掉出來，從離地面大約三公尺的高度直接墜落到地面上。

長頸鹿寶寶的眼睛還沒有完全睜開來，牠的母親就已經急著要訓練牠長大。通常長頸鹿媽媽會站在寶寶的正上方，看清小長頸鹿的位置後，抬起牠的長腿，踢向孩子，讓孩子結實地摔一跤。

沒錯，長頸鹿媽媽就是這麼殘忍地對付初生嬰孩的！而且，若是長頸鹿寶寶摔了一跤之後沒有站起身來，長頸鹿媽媽還會不斷地重複這個動作，一直到長頸鹿寶寶掙扎著拼命站起來為止。

如果中途長頸鹿寶寶因為疲倦而停止努力，牠的媽媽就會適時地補上一腳，逼迫牠繼續努力。當長頸鹿寶寶終於好不容易學會用細弱的四隻腳支撐起身體時，長頸鹿媽媽更會像個瘋子一樣再次把寶寶踢倒。

為什麼長頸鹿媽媽要這樣對待自己的孩子？因為牠想要讓孩子牢牢記住自己

剛才是怎麼站起來的。

不要埋怨長頸鹿媽媽對孩子的要求太過嚴苛，也不要責備長頸鹿媽媽對孩子太過殘忍，因為在長頸鹿生存的世界裡，唯有訓練孩子不管在任何時候都能以最快的速度站起來，才能確保長頸鹿寶寶可以安全地置身在鹿群裡，不會脫離團隊，成為其他野獸的獵物。

長頸鹿媽媽看似狠心的舉動裡，其實蘊藏的是對孩子深刻的愛。不知你是否也感受到了全天下母親的這份用心良苦呢？

有句話說：「捨不得孩子吃苦，將來他會更苦！」的確，父母的過度保護只會讓小孩沒有辦法獨立自主地面對自己的人生。

讓孩子從小養成「吃苦就是吃補」的忍耐力，在挫折中學習成長，並從中培養解決問題的能力，才是眞正對孩子好。

要長頸鹿媽媽親「腳」把自己心愛的孩子踢倒，不只對孩子殘忍，對媽媽更是殘忍！但是，長頸鹿媽媽知道，唯有狠下心來，讓孩子多磨練、多受苦，才能夠百鍊成鋼。

如果你已爲人父母，那麼請你不僅要爲孩子的現在打算，也要爲孩子的將來著想；如果你是爲人子女者，那麼請你在感念父母對你的疼愛時，更要感激父母對你的要求與責備。因爲，疼愛孩子是父母的天性，逼孩子吃苦，其實父母親的心更痛苦。

10

不一味賭氣，才是尊重自己

不讓他人踐踏自己，
懂得尊重自己，
同時也維持對自己專才的尊重，
如此一來才能贏得他人的敬重。

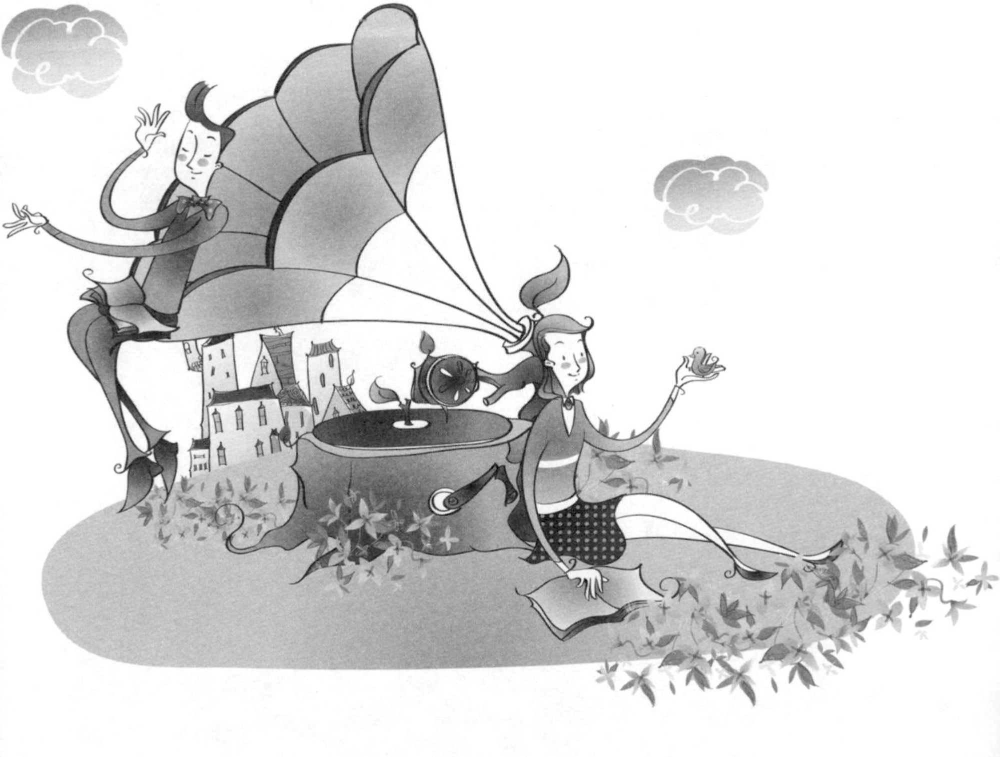

盡力，能讓成果不可思議

當你竭盡全力地做事，就能夠做到自己平時做不到的事；當你竭盡全力地生活，便能享受到別人無法擁有的充實人生。

戴爾．泰勒是美國西雅圖一所著名教堂的牧師。

為了激勵教會裡的孩子養成唸聖經的好習慣，泰勒牧師對他們說，要是誰能背出《馬太福音》中第五章到第七章的全部內容，他就請他們去吃冰淇淋！

冰淇淋對孩子而言具有多大的吸引力哪！

只是，聖經《馬太福音》第五章到第七章並不容易背誦，不僅經文長達數萬字，而且字句艱澀不押韻，別說是孩子了，就連要求大人把它通篇背起來也不是

一件容易的事。

教會裡所有的孩子，全都嘗試了幾次以後就宣告放棄，只有一個十一歲的學生，有一天胸有成竹地坐在泰勒牧師面前，把經文從頭到尾一字不漏地背誦出來，而且沒出一點差錯。

與其說他在背誦，不如說他是在朗誦，因為他唸經文的語調抑揚頓挫，聲音流暢自然。泰勒牧師簡直不敢相信自己的耳朵，就算是虔誠的教徒也很少有人能夠朗誦全文，更何況他只是一個對經文一知半解的孩子。

牧師忍不住好奇地問他：「你是用什麼方式背下這麼長的文字的呢？」

這個孩子不假思索地回答：「我所用的方式，就是竭盡全力。」

牧師聽了，點了點頭，當下論斷這個孩子日後一定大有成就。果不其然，十六年後這個孩子憑著電腦天才成功創業，成為一家知名軟體公司的老闆，他的名字叫做比爾．蓋茲。

如果某件事情對你來說非常困難，困難到無法用簡單的方法去解決它，那麼

你唯一能做的，就是竭盡全力去做！

成敗應該隨緣，但是生活必須盡力，才能爲自己爭氣。不努力而失敗，你很難對自己交代；盡了力卻失敗，你可以把結果看淡。

成功沒有什麼訣竅，無非只是「盡力」而已。盡力是一種態度，也是一種美德。一個人只要盡了自己最大的努力，就算今天不成功，明天也會有所成就；就算在自己身上不成功，在別人身上也會成功。

當你竭盡全力地做事，就能夠做到自己平時做不到的事；當你竭盡全力地生活，便能享受到別人無法擁有的充實人生。

為自己奮鬥，別讓外力左右

賴斯的處世態度中沒有仇恨，她之所以比一般人更努力上進，是真的為自己想做的事情奮鬥。

一名黑人母親帶女兒到百貨公司買衣服。

正當女兒準備要試穿衣服時，白人店員擋在試衣間門口，傲慢地對小女孩說：「這間試衣間是白人專用的，黑人如果要試穿的話，就到儲藏室去試。」

但是，這個母親可不吃這一套，只見她冷冷地對店員說：「如果我女兒今天不能進這間試衣間試衣服，那麼我就到別家店去買！」

為了留住客人，女店員只好讓步，讓黑人小女孩進去那間試衣間，只是，在小女孩試穿衣服的過程中，那名女店員始終守在門口，深怕被其他白人顧客看見。那樣的畫面，令小女孩終生難忘。

類似的事件層出不窮，又有一回，小女孩在一家店裡因為伸手碰觸了帽子而遭到白人店員斥責。

小女孩的母親可不讓女兒平白無故被罵，她立刻挺身而出，以極其尊貴的語氣對店員說：「請不要這樣對我女兒說話。」接著，她轉頭告訴女兒：「妳喜歡哪一頂帽子，就去摸摸那一頂帽子吧。」

小女孩聽從母親的話，把自己喜歡的帽子都摸了摸，而剛才訓斥她的那名女店員無話可說，只能任由小女孩做她有權利做的事。

面對這些歧視和不公，小女孩的母親經常告誡她說：「妳的膚色和妳的家庭是妳不可分割的一部分，這無法改變，也並不是妳的錯。如果想要改變自己低下的社會地位，就要做得比別人好、比別人好很多，妳才會有機會。」

小女孩把母親的話牢牢記在心裡，她相信教育不但可以讓她獲得知識，還可以幫助她捍衛自尊並且改變別人的眼光。她從母親身上學到了不管發生任何事，

都要以不卑不亢的態度去面對。

就是這樣「賭氣不如爭氣」的心態，讓這名出生在阿拉巴馬伯明罕種族隔離區的黑人丫頭，登上《福布斯》雜誌「二〇〇四年全世界最有權勢女人」寶座，她就是美國國務卿賴斯。

回顧她的成長之路，賴斯說：「我記得我的母親總是告訴我，康蒂，妳的人生目標並不是立志要從『白人專用』的店裡買到漢堡，而是妳要立志為妳想做的事情奮鬥，那麼妳就有可能做成任何大事。」

雖然我們生長的地方沒有類似黑人白人那般強烈的種族劃分，但是我們仍然會遭遇到許多不公平的待遇。很多人在受到歧視以後，會化悲憤爲力量，立志闖出一番名堂，給那些瞧不起自己的人看。

但是賴斯的母親並沒有這麼教她，她只是告訴她要接受命運，坦然面對自己所遭受到的不公，並且努力去證明自己給自己看。賴斯母親所教導她的，不是「去討厭那些討厭妳的人」，也不是「讓原本討厭妳的人對妳刮目相看」，而是「爲

自己爭取機會，表現給自己看」。

也因此，賴斯的心中沒有悲憤、沒有賭氣，她的處世態度中沒有仇恨，她之所以比一般人更努力上進，是眞的爲自己想做的事情奮鬥。

也正因爲她秉持著這種意念，才能讓她眞正不爲他人的看法眼光所苦，而爲自己的志向奮發努力。

拖延不行動，不可能成功

每個偉大的工程都是由一磚一瓦開始，不要因為自己的力量小而不敢踏出第一步。一旦踏出第一步，便擁有無限契機。

第二次世界大戰結束後，世界上又多了數以百萬計的孤兒。

一個年輕的奧地利大學生非常同情在戰爭中失去父母的孤兒，雖然他的力量有限，但是實在很想為那些可憐的孩子做些什麼。

他想，此時這些孤兒們最需要的，應該是一個家。如果想要成立一個家，就要先有房子，要有房子就要先有土地。那麼，要怎麼取得免費的土地呢？

奧地利大學生以土法煉鋼的方式，徒步走過一個個村莊，希望能夠找到一塊

荒廢的、免費的土地，為孤兒們建造一個家。

終於，當他走過無數個村落以後，總算有位善心人士願意送他一塊位於奧地利蒂羅爾州某個小鎮上的荒蕪空地。大學生於是又立刻馬不停蹄地去尋找願意捐贈建材的慈善家，以及願意幫忙蓋房子的建築工人。

在他鍥而不捨的努力之下，世界上第一個SOS兒童村於一九四九年在奧地利的一座小鎮成立，數十名孤兒在失去至親以後，總算再一次擁有了「家」。

今天，有四百多個SOS國際兒童村及附屬機構，分布在一百三十多個國家和地區，代替上帝照料那些無家可歸的兒童，曾經受過SOS組織幫助的人超過三十萬人。很少人知道，這個龐大組織的發起人竟是一個手上沒有任何資源，只有一顆熱忱丹心的大學生。

你是否經常覺得自己胸懷壯志但是缺乏籌碼？

你是否有很多很多想做的事，但是卻礙於現實環境而遲遲沒有去實行？

大多數人都知道實踐一番大事業需要各種條件的配合，卻很少人會實際地動

手去尋找這些條件。

我們老是說「等到我有錢以後，我要做某件事」，但是眞正能開創一番大事的人卻往往是「我想做某件事，所以我需要錢、需要資源」。用種種藉口讓理想實行的腳步一延再延，只是等著「失敗」送到我們的面前。

如果一個人眞正想完成一件事，就不會在乎自己究竟有沒有做這件事的能力，相反地，他會想辦法培養自己的能力，好讓事情能夠順利完成。

每個偉大的工程都是由一磚一瓦開始，不要因爲自己的力量小而不敢踏出第一步。拖延著不去做，你什麼都沒有，但是一旦爭氣一些，主動踏出第一步，便擁有無限契機與遠景。

別在不擅長的領域勉強自己努力

清楚明白自己「做不好什麼」並沒有什麼不好。正因為早知此路不通，所以我們可以更積極地去開發另外一條新路。

一天下午，小傑放學回到家裡時，意外地發現，他的媽媽居然在哭！打從他有記憶以來，他的媽媽一向堅強無比，這還是他第一次看見她流淚。

「發生什麼事了？」小傑緊張地問。

媽媽用手帕擦了擦眼淚，故作平靜地說：「沒什麼，我只是快要被公司炒魷魚了，我打字的速度實在跟不上其他同事。」

「可是妳不是才去上班三天嗎？跟不上是很正常的啊，放心，只要妳努力練

習，一定會成功的！」小傑不知不覺模仿起媽媽的口氣，每次他考試考不好，或是遇到挫折時，他的媽媽總是這麼鼓勵他。

只是，這些話似乎沒有辦法止住媽媽的眼淚，她依舊傷心地說：「可是我沒有時間了，因為我的關係，和我同部門的人不得不做兩倍的工作，而我卻連自己份內的工作都做不好……」

「那一定是他們對妳的要求太高了！」小傑急著替媽媽出氣，「妳是新人耶，當然不可能像那些資深員工一樣熟悉工作流程！」

「不，不是別人的問題，是我自己的問題。我總是對自己說，只要我肯學肯努力，沒有什麼事情做不到的，大多數時候，事實的確是如此，只是這一次，我想我真的做不到了……」媽媽一面說著，一面又流下了眼淚。

小傑不知道該說些什麼，只好靜靜地坐在一旁陪伴著媽媽。

大哭一場之後，母親的心情平復了一些。她站起身來，對自己和家人大聲宣佈說：「好，我承認，我做不好打字這個工作，我再怎麼努力都沒有辦法成為一名優秀的打字員，但是總有我可以做得好的工作吧！」

一個星期以後，小傑的媽媽找到了新工作，而且做得很好，現在她是一家保險公司的超級業務員。

我們都知道做事必須盡力而爲，但是我們也知道有些事情無法強求。比如說，不管我們多努力，我們都無法唱贏世界三大男高音；不管我們多麼努力，我們就是沒有辦法畫出像畢卡索的畫作一樣出色的作品……

是的，很多事情，不是光靠努力就可以做到，所以我們的人生難免有失敗、有挫折，難免會想要放棄、想要逃避。

但是，換個角度來想，清楚明白自己「做不好什麼」並沒有什麼不好。正因爲早知此路不通，所以我們可以更積極地去開發另外一條新路，在另外一個領域多加努力、多加爭氣。

失敗並不可怕，只要我們勇於面對失敗，並且問心無愧，便能在失敗的過程中更加認識自己。當你徹底地認識自己以後，便會把你做得好的事情做得更好，把你做不好的事情交給做得好的人來做。

不一味賭氣，才是尊重自己

不讓他人踐踏自己，懂得尊重自己，同時也維持對自己專才的尊重，如此一來才能贏得他人的敬重。

一名憧憬成為音樂家的挪威青年，花盡身上的每一分錢來到法國，想要報考法國最有名的巴黎音樂學院。

然而，入學考試的競爭非常激烈，這名外地來的年輕人並沒有被選上。

挪威青年美夢落空，為了湊足買機票回家的錢，他只好來到音樂學院旁邊的一條繁華的街道上，厚著臉皮當起街頭藝人。年輕人拿著小提琴當街開起演奏會，吸引了無數路人駐足聆聽。

一曲終了，挪威青年捧起琴盒，圍觀的人們紛紛把零錢放入琴盒中。其中，有位先生鄙夷地把銅板扔在青年的腳下。青年看了看那位先生，並沒有生氣，反而彎下腰拾起地上的錢，遞給那位先生說：「先生，您的錢掉在地上了。」

那位先生接過銅板後，再一次以更鄙夷更不屑的態度把銅板重新扔回青年的腳下，並且傲慢地說：「這個錢是我給你的，你應該收下！」

青年還是沒有生氣，相反地，他非常禮貌的對那名先生鞠了個躬，然後說：「謝謝您的資助，先生。剛才您掉了錢，我彎腰為您拾起。現在，我的錢掉在地上了，也麻煩您為我撿起好嗎？」

話才剛說完，周圍的群眾立刻鼓掌表示支持。在那些群眾當中正巧有一位是巴黎音樂學院的教授，在入學考試中聽過這個挪威青年的演奏，當時並沒有特別欣賞他，但是現在，他卻認為他比任何人都還有資格當一名音樂家，因此他把青年帶回學校裡，破例錄取了他。

這位不卑不亢的青年學成歸國以後，成為挪威有名的小提琴家，他的成名曲是〈挺起你的胸膛〉。

令這名挪威青年脫穎而出的，並不是他的好脾氣，也不是他的機智反應，而是他具備了一個音樂家該有的氣節。

「識時務者爲俊傑」的精神大家都知道，「退一步海闊天空」的精神也不能忘記實踐，但是，我們從這名挪威青年身上看到的，卻是一種「不強碰也不退讓」的處世智慧。

他知道，不需要爲了別人犯下的錯誤而生氣，他也知道，不管在任何情況下，他都必須堅守一個音樂家的原則——只接受別人的資助，不接受別人的施捨。

縱使爲貧窮所苦、爲失意所困，仍然要保有自己的人格尊嚴。挪威青年表現出來的，不僅是對自己的尊重，同時也是對音樂的尊重。

做爲一名學有專才的專業人士，我們除了知道自己「應該」做什麼之外，更必須要知道自己「不應該」做些什麼才是。

不讓他人踐踏自己，懂得尊重自己，同時也維持對自己專才的尊重，如此一來才能贏得他人的敬重。

用積極的佈局改變壞遭遇

大家都知道「命運掌握在自己手中」。越是拿到爛牌的時候，我們越應該用這句話來激勵自己。

艾森豪是美國第三十四任總統，年輕時的他，經常和家人一起玩紙牌遊戲。

一天晚飯過後，艾森豪像往常一樣和家人一塊兒玩牌。然而，這一天他的運氣似乎特別不好，一連拿了好幾次爛牌。剛開始艾森豪只是不斷地抱怨，但隨著自己手上的籌碼越來越少，便開始發起了少爺脾氣。

一旁的母親看不下去了，忍不住告誡他說：「既然要玩牌，那麼不管你手上的牌是好是壞，你都必須努力把牌打出去才是。玩牌就是這樣，有時候會拿到好

牌，有時候會拿到爛牌，你不可能期望好運氣總是讓你碰上！」

只是年輕氣盛的艾森豪根本聽不進母親的話，仍然臭著一張臉。

母親於是又苦口婆心地說：「人生就和玩牌一樣，發牌的是上帝，你沒有選擇的權利。如果你拿到了一手壞牌，那麼你能做的，就是儘量讓浮躁的心情平靜下來，善用手上的每一張牌，盡力爭取最好的效果，這才是玩牌的精神，也才是我們面對人生應該有的態度啊！」

母親的這番話令艾森豪感到很慚愧，他從此一直牢記母親的話，不管遇到什麼樣的情況，都認真運用自己現有的籌碼，努力做到最好。他就是憑著這樣的精神，慢慢地從一個無名小卒升為中校，再晉升為盟軍統帥，最後登上了美國總統的地位。

大家都知道「命運掌握在自己手中」，然而，光是知道沒有用，要相信才會有力量。越是拿到爛牌的時候，我們越應該用這句話來激勵自己。

相信自己能夠扭轉頹勢，相信自己能夠發揮最大的智慧，相信自己能夠轉危

爲安，相信自己可以創造奇蹟。唯有抱持著這樣的信念，才能讓我們鼓起勇氣接受現實，認眞地處理眼前的這一灘爛泥。

從玩牌這個小遊戲中，我們可以學到：無論狀況有多壞，都不能放棄希望；就算明知道輸定了，也要儘量把自己的損失控制到最少，不可一味賭氣，輕易放棄。如果因爲拿到爛牌就放棄，那麼我們註定一事無成；相反地，只要我們咬緊牙關繼續撐下去，說不定下一次，我們分到的不只是一手好牌，而且還會是難得一見的天牌！

踏實積金勝過終日妄想煉金

腳踏實地雖然辛苦，但是至少可以讓我們每一天都過得比昨天好一點，每一天都對社會有貢獻，對自己有交代。

有個人一心想成為大富翁，認為只要自己學會了煉金術，就可以擁有一輩子都花不完的財富。因此，他夙夜匪懈，把每一分資源與精力都投入煉金術的研究中。他的妻子感到非常無奈。為了阻止丈夫繼續做他的發財夢，妻子想出了一個辦法，聯合娘家的父母親，一起對丈夫說：「我們其實已經掌握了煉金術的秘訣，只是現在還缺少煉金子的原料。」

「快告訴我，還缺少什麼東西？」那個人迫不及待地問。

妻子的父親說：「我們需要三公斤從香蕉葉背面搜集起來的白色絨毛，而這些絨毛必須從你親手種的香蕉樹上摘下來才有效。等到你收集好絨毛後，我們就會告訴你煉金的方法。」

這個人聽了，立刻跑回家裡，把家中荒廢多年的田地種上香蕉。每天認真地澆水灌溉，就為了讓香蕉樹快一點長大。

當香蕉成熟之後，他便小心翼翼地從每張香蕉葉背面收刮白絨毛，他的妻子則把一串串肥美的香蕉拿到市場上去賣。

等到他收集夠三公斤的絨毛時，時間已經過了十年了。他滿懷期待地提著絨毛來到岳父岳母的家裡，請求他們傳授煉金之術，此時，岳父岳母送給他一個巨大的箱子，裡頭裝的竟是滿滿的金子！

他的妻子告訴他，這些金子是這十年來她在市場上賣香蕉賺來的。

面對整箱黃澄澄的金子，這個人總算明白，所謂的煉金術其實不是什麼通天的本事，只要腳踏實地、勤奮耕耘，任何人都可以找到致富的方法。

一步登天不如步步高升，好高騖遠不如腳踏實地。有句話說：「小富靠努力，大富靠運氣」，雖然人人都希望大富大貴，但是兩相比較之下，你會情願依靠掌握在自己手上的「力」，還是去祈求那看不見也摸不著的「運」？

成功是一點一點累積而成的，我們不能否認世界上有一步登天的超級幸運兒，但是我們也不能肯定自己就一定會是那個幸運兒，不是嗎？

腳踏實地雖然又辛苦又很難擁有什麼大成就，但是至少可以讓我們每一天都過得比昨天好一點，每一天都對社會有貢獻，對自己有交代。

即使蓋不成萬丈高樓，至少也可以爲自己建造一間小木屋，無論如何，總好過那些期盼一步登天卻始終在原地踏步的人。他們擁有的頂多只是一大片不能遮風擋雨的海市蜃樓，到頭來誰才是比較幸運的那一方呢？

用輕鬆的心理化解棘手的問題

用看待小事的心態處理大事，把苦事當成趣事來聯想，久而久之，便可以輕輕鬆鬆地做到了別人做不到的事。

你經常覺得自己心有餘而力不足嗎？你做事經常做到一半就放棄嗎？你知道是什麼樣的原因導致你半途而廢嗎？

心理學家曾經做過一個實驗，找來三組人，用三種不同方式讓他們分別步行到十公里以外的一座村子。

第一組人不知道目的地在哪裡，也不知道路程有多遠，只是被動地跟著嚮導走。才剛走了兩三公里，就有人在喊累，走了一半時，很多人都瀕臨發怒邊緣，

甚至有人坐在路邊不肯繼續走了。整個路途中，不時有人詢問究竟還要走多久；他們走得越久，情緒越低落。

第二組人知道目的地的位置，也知道路程大約有多遠，但是一路上沒有里程碑，只能憑經驗估算行程時間和距離。

差不多走到一半時，就有人露出了疲憊的神態。大多數的人都想知道自己已經走了多遠，還剩下多少路程要走。等到他們走到全程的四分之三時，大夥兒全都叫苦連天，一點兒都不想再走下去。直到有人鼓勵大家說：「快到了！快到了！」大家才勉強打起精神振作起來。

至於第三組人，不但知道村莊的名字、路程，而且沿途中每一公里就有一塊里程碑，告知他們已經走到了哪裡。

這一行人每經過一塊里程碑，就得到一點成就感，一路上的心情都很輕鬆愉快，談笑風生，盡情享受路途中的美麗風景，不知不覺就到達了目的地。

每個人的耐力和體力都有限，太長遠的目標或是連續的疲勞轟炸都會令人感到心力交瘁，完全提不起勁。

因此，面對堆積如山的課業或工作時，我們應該把它切割成一段一段小小的計劃，把每個計劃設定在自己能夠勝任的範圍內，以最沒有壓力的心態去做，這麼一來不僅能夠做得好，同時也可以撐得久。

人之所以會感受到沉重的壓力，往往都是因為執行的過程中缺少樂趣。因此，越是覺得辛苦的時候，我們越應該努力替自己找樂子。

用看待小事的心態處理大事，把苦事當成趣事來聯想，久而久之，便越來越爭氣，輕輕鬆鬆地做到了別人做不到的事。

用演主角的態度演好配角

能身居要角固然值得羨慕，若只能屈居配角，也不必灰心。只要盡力將自己的角色扮演好，一樣可以贏得別人讚賞。

一天傍晚，安妮一臉垂頭喪氣地回到家裡。她的社團打算在校慶當天表演一齣話劇，齣話劇裡頭只要有四個主角：父親、母親、女兒和兒子。安妮也在話劇裡頭擔任一角，只不過她分配到的角色是這個家裡養的一隻狗。

令安妮的哥哥感到吃驚的是，安妮並沒有因此而放棄演出，相反地，每次排練她總是準時出席，為了演好一隻狗，她還甚至買了一副護膝，以便在舞台上學狗爬的時候不會磨傷膝蓋。

到了正式演出那一天，安妮的哥哥前去觀賞妹妹的表演。他在節目表上找到了妹妹的名字，「安妮，飾演寵物狗小黃」，排列在演員名單的最下方。

安妮的哥哥忍不住拿起節目表遮住自己的臉，畢竟有個扮演狗的妹妹不是一件光彩的事，誰忍心看見自己的親人跪在舞台上學狗爬呢？

表演正式開始，飾演父親、母親、女兒和兒子一家人的演員和樂融融地圍坐在舞台中央聊天，接著，穿著一套全身黃色的、毛茸茸的道具服的安妮，手腳並用地爬進場。

安妮的哥哥驚訝地發現，安妮飾演的那隻狗並不是單調地爬行，而是一路蹦蹦跳跳、搖頭擺尾地跑進客廳。

她先在地毯上伸個懶腰，滾了一圈，然後才在壁爐前安頓下來，開始表現得昏昏欲睡，許多觀眾都不禁被這隻飾演地唯妙唯肖的狗給逗笑了。

當劇中的父親講到「家裡可能有老鼠……」這句台詞時，原本睡得正甜的小狗突然從夢中驚醒，機警地四下張望，表情就像一隻真的狗一樣。

沒多久，飾演兒子的演員講到：「你們仔細聽，屋頂好像有聲音……」，這時壁爐前的狗又忽然一躍而起，仰視屋頂，喉嚨裡發出嗚嗚的低吼。

此時，觀眾已經不再注意台上主角的對白，幾百雙眼睛全盯著安妮，想看看她究竟還設計了哪些匠心獨具的小動作。

安妮也沒有令台下的觀眾失望，整場演出下來，她雖然沒有一句對白，卻成了舞台上的靈魂人物，喔不，應該說是靈魂「動物」才對。

為什麼安妮可以由原本垂頭喪氣的態度變得如此積極投入呢？

原來是因為當她回家抱怨同學們要她演狗的時候，她爸爸這麼對她說：「如果妳用演主角的態度去扮演一隻狗，那麼一隻狗也能成為主角！」

安妮用行動印證了爸爸的話。

紅花有紅花的美艷，綠葉也有綠葉的專業。

在人生的舞台上，我們未必都有機會站到最受矚目最亮眼的位置，但是這並不代表我們不可以有最受矚目最亮眼的表現。

能夠身居要角固然值得羨慕，但若只能屈居配角，也不必灰心。只要盡力將自己的角色扮演好，一樣可以贏得別人的讚賞。

反過來說，如果因爲扮演的角色只是個小配角，而沮喪不演或者演不好，又有什麼資格挑大樑呢？

一個能夠做大事的人，必定也能把小事做好。因爲他知道，在舞台上他可能是配角也可能是主角，但是在自己的人生舞台上，他絕對是唯一的主角！所以他知道，除非他用演主角的態度認眞對待每一件事，否則他的人生便註定會是一場人人鄙夷的爛戲！

11

在有限的生命
活出無限的意義

只要我們能夠在最短的時間裡
完成最多的事情，
也就等於是在有限的生命中
活出了無限的意義。

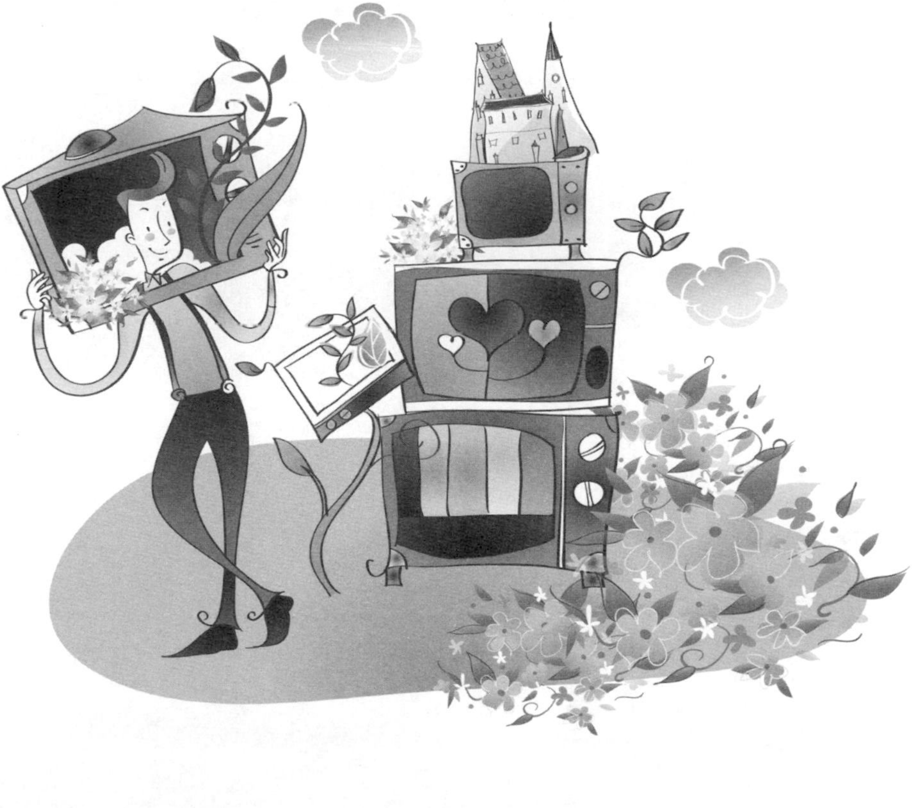

堅持，是最珍貴的傳家之寶

在成功的道路上，最大的絆腳石不是失敗和挫折，而是絕望和灰心。只要不認輸、不認命，就有機會扭轉人生的結局。

一名父親臨終前，把獨子叫到床邊，指著床底下說：「我們家雖然窮，但其實我這兒有一件寶貝。我的床底下藏有一幅畫，是唐代名詩人王維的真跡，從你爺爺那一代傳下來的。這麼多年來，雖然我生意失敗，家徒四壁，可是就算是山窮水盡的時候，我只要想到我還有這幅畫，心裡就會覺得很踏實。我告訴自己，如果真的不行了，至少我還有這幅畫可以賣。沒想到就這樣我居然撐下來了，現在我把這幅畫完好的交到你手裡，算是對得起祖宗，也對得起子孫了……」

話才剛說完，老人就斷了氣。

兒子拿出床底下的畫一看，果然是一幅傳世的無價之寶。

他的母親說：「把畫賣了吧，賣了畫，有了錢，你就可以出國留學了。」

「不，不能賣！」兒子無比堅定地說：「想想看，以前家裡那麼苦，爸爸都沒有把畫賣掉，現在，我也會盡我所能把這幅畫保住，除非真的不行了，否則我絕不賣畫……」

說也奇怪，當兒子下了這樣的決心之後，他的路居然走得越來越順。

靠著替人補習、家教打工和申請到的獎學金，他順利在國外拿到學位，還交到一個美麗又有才華的女朋友。女朋友家裡非常富有，她的父親看不起這名窮小子，特別把他叫到家裡來訓斥說：「你們家那麼窮，能養得起我女兒嗎？」

年輕人笑一笑，回答說：「伯父，其實我們家並不窮，老實說，我們家還挺有錢的，因為我父親臨終前留給我一幅唐代王維的真跡，賣了它，至少能買一棟房子，只是我和我母親說好了不賣。如果您不相信的話，下次我把畫拿來，您看看就知道了。」

女朋友的父親聽了，臉色和緩了下來，他說：「不用看了，我看你說話的樣子就知道你沒有說謊。你在那麼苦的日子中還能守住那幅畫，我相信，不管你將來的生活過得如何，都能守住我女兒的。」

這戶人家守住的不只是一幅畫，更是那一份刻苦的精神。

因爲有那一幅畫的存在，所以就算人生的路已經很難再走下去，他們都仍然相信自己還沒有走到盡頭。那幅畫就像一顆定心丸，令他們覺得氣餒的時候不灰心，想放棄的時候不絕望。因爲他們還有一幅畫，所以他們不需要絕望。

或許，我們並沒有一幅價值連城的畫來作爲傳家之寶，但是我們也應該秉著「天無絕人之路」的信念向前衝。

在成功的道路上，最大的絆腳石不是失敗和挫折，而是絕望和灰心。只要我們相信自己總會找到出路，只要我們相信再大的困境也不是盡頭，就一定可以跨越最難跨越的障礙。雖然我們並沒有一幅名人眞跡，但是我們至少還有一口氣。只要不認輸、不認命，就有機會扭轉人生的結局。

實力再弱，堅持就能穿石

成功不是一時的激情，而是一生的堅持。想要擁有出色的成就，就要靠平時不斷地衝刺與累積。

在自然界中，不管氣候多惡劣，都有生物頑強地生存著。即使在乾燥熾熱的沙漠中，我們都依然可以發現許多生命的奇蹟以及生存的智慧。例如蛇這一種動物，會把身體彎成「S」型迅速前進，以避免皮膚長時間與炙熱的沙子接觸。

比蛇的生命力更頑強的，是一種體型只有麻雀般大的小鳥。牠們之所以比蛇更厲害，是因為不但要像蛇一樣在沙地上找食物，同時也很可能會成為蛇的食物。

這類鳥兒不但要面對惡劣的自然環境，還要對付躲在沙子底下的蛇的襲擊，但是牠們依舊還是存活了下來。你知道牠們是怎麼做到的嗎？

美國生物學家克林萊斯曾經拍到了這麼一組精彩鏡頭：

當鳥兒撲搧著翅膀，剛剛降落在沙地上準備要尋找食物時，潛伏在沙子裡的蛇突然張著血盆大口竄了出來。眼看鳥兒就要被蛇一口吞下，但是鳥兒並沒有就此服輸，用自己的爪子一下又一下地攻擊著蛇的頭部。雖然鳥兒的力量有限，牠的爪子對蛇根本構不成什麼威脅，但是牠並沒有停止動作，一面閃躲蛇的大口，一面準確地襲擊蛇的頭部。

就在鳥兒拍了一千多下時，蛇終於被打到頭昏眼花，無力地癱軟在沙地上，昏了過去。大難不死的鳥兒這才停在沙地上，從容地吃了一些小甲蟲，然後揮動翅膀慢慢地飛走了。

生物學家根據這段影片推論出一個答案：鳥兒和蛇的力量有著懸殊的差距，所以鳥兒並不以蠻力和敵人硬拼，只瞄準蛇頭的一個小點，並持之以恆地用爪子拍擊。力量雖小，但是火力集中，終於在懸殊的較量中贏得了勝利。

不管是多麼微小的力量，只要持續不間斷地努力，就一定能夠看得見成果。滴水穿石，聚沙成塔，在在證明了堅持就可以創造奇蹟。

成功不是一時的激情，而是一生的堅持。想要擁有出色的成就，就要靠平時不斷地衝刺與累積。

找到正確的目標以後，我們必須專心一意地朝著目標前進。滴水之所以可以穿石，是因爲水滴每次都滴落在石頭的同一個點上，沒有次次變花樣換地方，才完成了穿石的壯舉。

因此我們知道，只要確立目標，再經過長時間的堅持，那麼無論我們本身是一塊什麼樣的料，都可以打造出自己夢想中的那一片美景。

熱情洋溢讓成果充滿魅力

想要完成一件事，除了持續的努力之外，由衷燃起的熱情更是不可或缺的重要條件。

美國芝加哥有個叫羅愛德的小鎮。前不久，鎮上有位女教師舉辦了一次攝影展覽，吸引了美國各地二千八百多位記者前來採訪，是美國史上個人攝影展覽採訪記者人數最多的一次。

這位女教師名叫露易絲，四十多歲，是個平凡的小學老師。她展出的相片清一色都是女兒的照片，平心而論，她的拍攝技術一般，構圖也沒有什麼特別出色的地方，但是她的作品為什麼可以吸引眾人的目光呢？

露易絲把這次展覽的主題稱為「女兒每天都是新的」。她從女兒出生開始，堅持每天都為女兒拍一張照片，從女兒出生到二十歲，足足拍了二十年從不間斷，這些照片排出來，足足佔滿了展覽館的八層樓。

這一張張照片中展現了露易絲對女兒永恆的愛，露易絲也因此被評選為優秀教師。她用平凡而真摯的照片，感動了全美國人的心。

每天拍一張照片，這是每個人都可以做得到的事，但是堅持二十年從不間斷，就很少人能夠做到了。

支持這名女教師這麼持續下去的，除了她自身的決心和毅力之外，更是她對女兒的那份愛。

人對於自己所愛的事物，是付出再多也不以爲苦的。若是要這名女老師每天拍攝家門口的電線桿連續拍攝二十年，你想她做得到嗎？

因此，想要完成一件事，除了持續的努力之外，由衷燃起的熱情更是不可或缺的重要條件。

如果你對自己所從事的工作並不那麼感興趣，或許你也可以像這名女老師一樣，利用工作以外的時間培養別的興趣。

當你找到了抒發熱情的管道，從自己的興趣當中得到了樂趣，那麼你也可以學會用不同的角度看待自己的工作，試著從工作中尋找樂趣，並進一步用熱情把自己的工作做得更好。

每一分鐘都可能影響成功

不要小看一分鐘的時間，當你連一分鐘的時間也捨不得浪費，自然會擁有比別人多好幾分鐘的時間。

一名年輕人想要向著名的創業家討教成功之道，於是找了個機會前去拜訪那位創業家。當年輕人來到創業家家裡時，意外地看見創業家的書房亂七八糟、狼藉一片，和他平時在媒體上的形象完全不同。

還沒等年輕人開口，創業家就搶先說：「你看我這房間，太亂了，請你在門外等候一分鐘，我先收拾一下，你再進來吧。」

創業家一邊說一邊輕輕地關上了房門。

秒針才剛剛走完一圈，創業家就準時打開了房門，請年輕人進書房參觀。

這一回，年輕人覺得更驚訝了，因為房間的景象已經變得和一分鐘前迥然不同，現在的房間整齊得像裝潢雜誌上的樣品屋，茶几上甚至還擺放了兩杯剛剛倒好的紅酒。

創業家拿起其中一杯酒交到年輕人手上，自己再拿起另外的那杯酒，接著對年輕人說：「乾杯，喝完這杯酒，你就可以走了。」

「啊？什麼？」年輕人手持酒杯愣了一會兒，怯生生地說：「可是……可是我還沒向您請教呢……」

「難道我教你的這些還不夠嗎？」創業家一邊說一邊掃視整間書房，然後意有所指的對年輕人：「你已經進來足足有一分鐘的時間了。」

「一分鐘……一分鐘……喔，我明白了！」年輕人恍然大悟，「您是想讓我知道，一分鐘的時間可以用來做很多事情，所以如果想要成功，就要善用每一分鐘的時間。」

創業家點點頭，深感安慰地笑了。

他們花了不到一分鐘的時間把杯裡的紅酒一飲而盡，接著年輕人快步離去，沒有浪費任何一分鐘的時間。

富蘭克林說：「時間就是機會，想要充分的活著，必須學習善用時間。」德國文學家歌德也曾如此說：「如果我們把時間用在對的事情上面，那麼我們永遠都會有時間。」時間效率大師蘭肯更是一針見血地說：「根本沒有時間不夠這回事，我們有許多時間來做我們真正想做的每一件事。」

珍惜時間，要從活著的每一天開始；把握時間，要從睜開眼睛後的每一小時做起；善用時間，要從當下的每一分鐘開始。不要小看一分鐘的時間，當你連一分鐘的時間也捨不得浪費，自然會擁有比別人多好幾分鐘的時間。

用加倍專注贏得眾人矚目

除非你比別人更聰明，否則你就必須比別人更加爭氣，花更多時間打拼，才有可能表現得比別人出色。

卡羅斯．桑塔納是一位世界級的吉他大師，然而學生時期的成績簡直就是一團糟。一天，美術老師把他叫到辦公室，對他說：「桑塔納，我看了一下你的成績，你得過最好的成績是六十分多一點，其餘就是低於六十分。但是你的美術成績卻有很多個『A』，我看得出你有繪畫的天賦，而且，你在音樂方面的表現也非常出色，我覺得你是個藝術家的料。但是如果你想要成為一個真正的藝術家，這樣的學習態度是不行的。我想帶你到舊金山的美術學院去參觀，這樣你就能知

道你所面臨的挑戰了。」

美術老師說得出做得到，真的找了個假日，把全班同學都帶到舊金山美術學院參觀。在那裡，桑塔納親眼看到那些熱心投入藝術的人是如何作畫的，無論有多少學生嘰嘰喳喳地圍繞在他們身邊，他們都好像沒有聽見似的，絲毫不影響他們作畫時的專心。

桑塔納深深地感受到自己和他們之間的巨大差距。此時，老師告訴他說：「心不在焉、不求進取的人根本進不了這裡。如果你想進到這裡，就要拿出百分之兩百的努力。不管你做什麼或想做什麼，都要用這樣的態度去做。」

老師的一番話深刻地烙印在桑塔納心裡，從此以後，他積極認真地投入每一件他想做的事情，終於在二〇〇〇年以「超自然」這張專輯，一舉獲得了八項葛萊美音樂大獎。

從桑塔納的例子中，我們可以知道，所謂的「成功」，就是拿出百分之兩百的努力，朝你最有天分的方向邁進。

唐代褚遂良曾經寫下四句話：「絕利一源，用師十倍。三返晝夜，用師萬倍。」意思是只要專心致力於單一的源頭，就能湧生出十倍的威力；若是再堅持三天三夜，心無旁騖，就能產生萬倍的力量。

這裡所謂的「絕利」，意指「棄絕一切享樂」，一心一意去做你應該做，以及你想做的事。大多數人的資質都差不多，但是結果卻有人成功，有人失敗，原因在於每個人下的功夫都不同。

除非你比別人更聰明，除非你做起事來比別人更有效率，否則你就必須比別人更加爭氣，花更多時間打拼，犧牲更多享樂的時間，才有可能表現得比別人出色。

下一次，當你偷懶的時候，請記得，你的競爭對手就是在這種時候，悄悄地超越了你！

逐件完成才能樂在過程

把事情一件一件地完成，並在每個階段完成以後，提醒自己品嚐那些小小的成就，便不容易陷入慌亂的膠著狀態中。

有位成功的企業家，無論工作有多忙碌，臉上總是帶著微笑。一次，有個記者問他說：「您在報章雜誌上的每張照片幾乎都是笑著的，您工作那麼忙，壓力一定很大，可是為什麼看起來永遠都是這麼開心呢？」

企業家聽了，一邊擺出他的招牌笑容，一邊反問記者說：「我為什麼要不開心呢？」接著，企業家講了他兒時一件令他印象深刻的事情。

「我小的時候，興趣非常廣泛，也很好強，不管是畫畫、彈琴、游泳、打球

我樣樣都喜歡，而且還要求自己樣樣都要拿到第一。這當然是不可能的，因為我花太多心思投入在這些課外活動裡，所以我的學業成績一落千丈，對自己也越來越沒有信心，每天都繃著一張臉，悶悶不樂。」

「我父親知道我的情況以後，找來一個小漏斗和一瓢黃豆，放在桌子上。他說：『我做個實驗給你看。』接著，他便撿起一顆豆子丟到漏斗裡，然後要我到漏斗底下接著，他一連丟了十幾次，我的手中也就有了十幾粒黃豆。接著，他一口氣抓起滿滿一把黃豆放到漏斗裡面，黃豆塞滿了漏斗，互相推擠著，竟然一顆也沒有掉下來。」

「這個時候，父親對我說：『我們人就像這個漏斗一樣，假如你每天都能做好一件事，那麼你每天都可以享受到一粒豆子的收穫和快樂。但倘若你想把所有的事情都擠在一起來做，反而連一顆豆子都得不到。』」

「從那時開始，不管我想做的事情有多少，我都會提醒自己『每天只要做好一件事就好』。我從來不會把事情擠在一起做，只要保有這種心態，工作的壓力自然就不會壓得我喘不過氣，所以我當然時時刻刻都能保有如此愉快的心情。」

欲速則不達，想要把所有事情一口氣都做好，只會把所有事情全都搞砸。當事情越多的時候，我們越要想辦法減輕自己的負擔。

不要因爲一時賭氣，急著把每一件事都做好，而要把事情一件一件地完成，並在每個階段完成以後，提醒自己品嚐那些小小的成就，如此一來，便不容易陷入慌亂的膠著狀態中。

相反地，就算手邊的事情再多，我們也照樣能愉快地、規律地、一拍接一拍有節奏地忙碌著。如此，生活對我們來說不會再是一頁雜亂的黑點，而會變成一曲熱鬧精采的樂章。

信念堅定就能朝目標筆直前進

成功的先決條件，就是要有一個明確的目標。目標不夠堅定，就算你健步如飛，恐怕也很難不迷路。

小李和一位經商成功的朋友一同走在街上。

走著走著，從巷子裡緩緩走來一個盲人，正巧走在他們的後面，和他們同一個方向。只見盲人每走一步，都要用導盲杖輕輕點路，動作十分緩慢。

小李和朋友邊走邊聊，不知不覺聊到了自己從出社會後不停轉換跑道，公司換了一家又一家，一直到現在三十好幾了，口袋裡仍然空空如也。

朋友體貼地聽著小李抱怨，但是卻始終沉默不語，過了一會兒，小李偶然回

頭，忽然已經看不見剛才那個盲人的身影。

「奇怪了，這條路明明沒有岔路，那個盲人到哪兒去了？」

「他早就已經超越我們，走過去老遠了！」朋友笑著說。

「怎麼可能？他是一個盲人，怎麼會走得比我們快那麼多呢？」

「怎麼不可能？我們一邊走一邊說話，四處張望、三心二意地散步，當然走不快啊，可是他卻是一直專心一致地在走路。」

聽到這句話，小李的心猛地震動了一下，他終於明白何以自己至今仍然一事無成，正是因為他總是三心兩意地在走路，如果他能像盲人一樣專心地去做一件事，說不定現在也會像身邊的這位朋友一樣成功呢！

雖然一個意志堅定的人，不一定就會成功，但是，一個成功的人，一定是個意志堅定的人。

如果你的心裡連一個明確堅定的目標都沒有，又如何知道自己該往哪個方面去努力。若是你不知道自己應該怎麼努力，那麼又怎麼可能會成功？

因此，成功的先決條件，就是要有一個明確的目標。

當你知道自己的目標在哪裡，自然會找出通往目標的道路。就算走得再慢，只要是走在正確的那條道路上，總有一天會到達終點。

最怕是你的目標不夠堅定，哪兒的路平就往哪兒走，那樣的話，就算你健步如飛，恐怕也很難不迷路，或是莫名其妙地走了許多冤枉路。

在有限的生命活出無限的意義

只要我們能夠在最短的時間裡完成最多的事情，也就等於是在有限的生命中活出了無限的意義。

安格斯讀小學的時候，外祖母過世了。

他們祖孫倆的感情一向非常要好，安格斯感到非常傷心。好長的一段時間無論做什麼事都提不起勁，只是一直哀傷地懷念著外祖母在身邊的日子。

安格斯的父親見狀，決定和兒子好好地談一談，他很誠實地告訴兒子：「外祖母永遠不會回來了。」

「什麼是永遠不會回來呢？」安格斯不明白。

父親說：「所有時間裡的事物，都永遠不會回來。你的昨天過去之後，它就永遠變成昨天，誰都不可能再回到昨天。爸爸也曾經跟你一樣年幼，但是我現在再也不能回到像你這樣的童年了。有一天你會長大，你會像外祖母一樣老；等到你度過了屬於你的時間，就永遠不能回來了。」

父親的話令安格斯體會到時間的珍貴。他看著窗外的夕陽一寸一寸地沉到地平線以下，感到無比的著急和悲傷，雖然明天還會有新的太陽升起，但是永遠不會再投射出今天的陽光了。

為了珍惜今天的陽光，每天放學回家時，安格斯總是對自己說：「我要比太陽更快地回家。」他一路狂奔回去，當他到達家門口時，看到太陽還露著半邊臉，總感到高興不已，覺得自己跑贏了太陽。

從此以後，安格斯養成了和時間賽跑的習慣，他想要跑得比太陽還快，他想要跑得比秋天還快，學校規定用一個暑假的時間來完成的作業，他只花了十天就做完了。一般人六年才能讀完的課業，他只用了五年就讀完了。

安格斯知道，雖然人永遠跑不贏時間，但是人可以比自己原有的時間快一步，

甚至可以快上好幾步。那幾步雖然很小很小，但是用途卻很大很大。

唐伯虎曾說：「人生七十古來稀，我年七十為奇，前十年幼小，後十年衰老，中間只有五十歲，一半又在夜裡過去了，算來只有二十五年的歲月，當中要吃飯拉屎，還有多少的挫折、多少的憂傷、多少的煩惱！」

人生其實沒有我們想像的那麼漫長，每當一天過去，就又減少了一天的生命。若是沒有好好度過一天，可說是浪費了一天。

不要等到時間過去了才後悔，我們應該要把握每一分鐘的時間，這不僅是增加工作的效率，同時也是在延長自己的壽命。只要我們能夠在最短的時間裡完成最多的事情，也就等於是在有限的生命中活出了無限的意義。

12

走出壞情緒，會發現更多樂趣

壞情緒總該有個盡頭，
除非你選擇要永無止盡地沉溺在裡面。
要不要回到平靜的岸邊，
決定權掌握在自己手中。

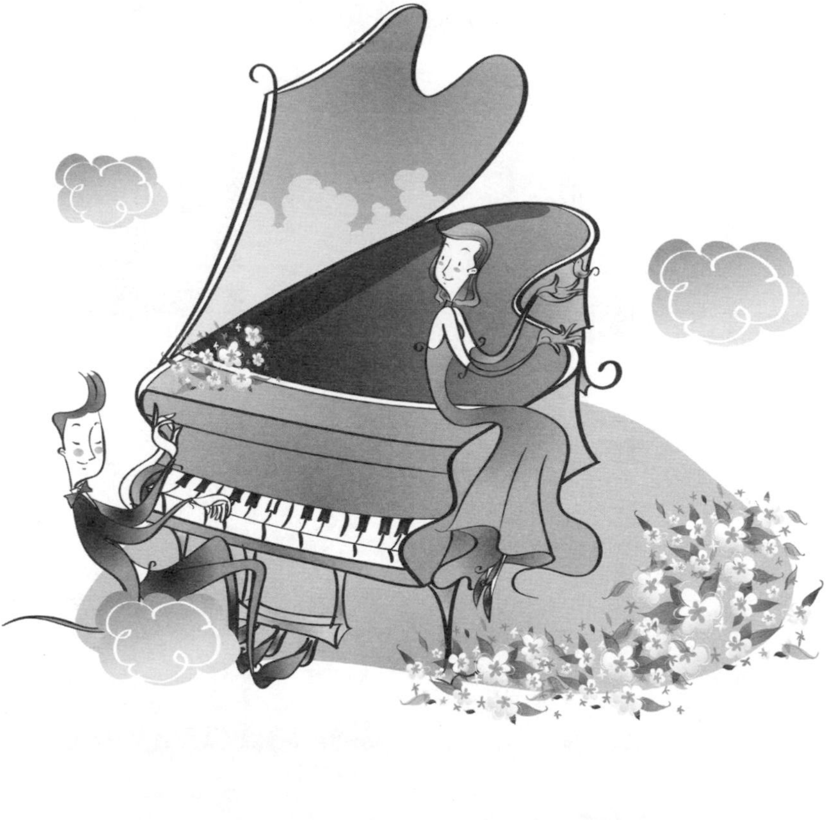

無形的缺憾不是終生的遺憾

我們所煩惱的事情不值得煩惱，因為它根本就不存在，從前那些被視為「缺憾」的缺憾，其實只是「缺少」而已。

有個年輕人在一次意外中失去了他的左手臂，從此以後，他老是覺得自己矮別人一截。每當看到別人生龍活虎、身手敏捷的樣子，年輕人總是難過得把淚水往肚子裡吞，獨自承受痛苦。

為了讓自己忘卻傷痛，年輕人把自己埋首於書堆當中。徜徉於浩瀚書海的時光，是唯一能夠令他感到滿足的時刻。

然而，一旦放下書本，他又不得不離開那充滿夢想與希望的文字世界，回到

殘酷的現實生活裡。

一天，他在書上讀到了一位高僧的名號，聽說這位高僧非常善於開導人，許多憂鬱症的病患經過高僧的開解之後，都會立刻不藥而癒。

年輕人特地前去拜訪這名高僧，一見到高僧，就把自己的苦惱一五一十地說了出來，並且舉起那隻因為沒有手臂所以空著的袖子對高僧說：「不信你看，這就是折磨我多年的缺憾。」

高僧把手伸進年輕人空蕩蕩的袖管裡，然後抬起頭來微笑著說：「什麼缺憾？我只看見了你的袖筒裡什麼都沒有！」

年輕人聽了，豁然開朗，終於明白一直以來困擾自己的，其實只是一樣看不見的東西而已。

我們總是爲了自己少了什麼而煩惱，而高僧的一席話剛好點破了這個盲點，他讓我們知道：當我們爲自己的缺憾而感到煩惱和遺憾時，其實是在爲那些不存在的事物而煩惱。

換句話說，我們所煩惱的事情不值得我們煩惱，所遺憾的事情也不代表著遺憾，因爲它根本就不存在。

世間萬物從來沒有十全十美，人生本來就充滿了缺憾，若我們能夠坦然面對自己的缺憾，從缺憾裡享受缺憾之美，或許就會領悟到：從前那些被我們視爲「缺憾」的缺憾，其實只是「缺少」而已，不是缺憾，也沒有遺憾。

與其去追求那個完整卻不存在的自己，不如爭氣一些，和現在這個眞實而不完滿的自己好好在一起，你說是嗎？

扛著過去的包袱，只會受到拘束

過去的已經過去，現在留在你身上的，只是一道已經結痂的疤痕，而不是一個鮮血淋漓的傷口。

有個年輕人扛著一個大包裹，跋涉千里拜訪一名受人景仰的大師。

年輕人向大師哭訴說：「大師，我自小父母雙亡，一個人孤伶伶地長大，孤獨、痛苦和寂寞使我疲倦到極點。我來找您，就是為了尋找我心中的陽光，我走路走到鞋子磨穿了，腳掌割傷了，手也流血了，嗓子也沙啞了，好不容易才見到了您，但是，為什麼我依然還是覺得自己的人生如此灰暗呢？」

大師聽了，反問他說：「你說你費盡了千辛萬苦來到這裡，請問你一路上是帶著什麼來到這裡的呢？」大師說著，指了指年輕人背上的行囊。

年輕人說：「我化悲憤為力量，只要想到從前每一次跌倒時的痛苦、每一次受傷後的哭泣、每一次孤寂時的煩惱，我就會感到有一股悲慟的力量推著我往前走，靠著這股力量，我才能走到您這兒來。」

大師點點頭，表示理解。接著，他帶著年輕人來到河邊，一同乘船過了河。等到上岸以後，大師對年輕人說：「你扛著船趕路吧！」

「什麼，扛著船趕路？」年輕人簡直不敢相信自己的耳朵，「船那麼重，我扛得動嗎？就算我扛得動，我也扛不了多久啊！」

「是啊，孩子，你說得對，」大師摸了摸鬍子，微笑著說：「當我們過河時，船是有用的。但是過了河，我們就要放下船趕路，否則，它只會成為我們的包袱，拖慢我們往前走的速度。你所經歷過的痛苦、孤寂、災難、悲傷，這些對人生都是有用的，它能讓你成長，加速你的成熟。」

「但若你總是牢牢地把它們放在心裡不肯釋懷，它們就成了你人生的包袱。放下它們吧！孩子，生命已經夠沉重了，又何必再去加重自己的負擔呢？」

人生的挫折可以化爲養分，幫助我們懂事、成熟。但若一直把曾經發生在自己身上的不幸記掛在心上，它就會變質爲仇恨，一點一滴地腐蝕我們的心。

挫折是人生必要的痛，但是一旦傷心過了，就應該學會療傷止痛，讓傷口結痂復原，才能毫無牽掛地繼續往前走，重新以客觀的角度看待自己的人生。

忘卻痛苦從來不是一件容易的事，哪個人在面對未來時，不是帶著過去的記憶？然而，要知道，過去的已經過去，現在留在你身上的，只是一道已經結痂的疤痕，而不是一個鮮血淋漓的傷口。

疤痕能夠讓我們記取教訓，卻不會讓我們感到痛苦。如果仍然覺得痛苦，那不是任何人的責任，而是自己始終不肯放下背上的包袱。

改變心態勝過改變事態

沒有絕對的壞事，只有被定義為「壞事」的事。不喜歡一件事物可是又無法改變它的時候，不妨試著把它想得美好一點。

一塊比房屋還要巨大的石頭在一次地震中從山頭滾落，不偏不倚，落在山下一處村莊的村口。

人們覺得這塊石頭既不美觀，又非常擋路，商量著要將它移走。

只是，比房屋還要高大的石頭是多麼沉重啊！就算把全村的壯丁集合起來，大夥兒同心協力也沒有辦法將它移動一毫一寸。

一天，有位高僧路經此地。村民聽說這名和尚是個非常有智慧的人，紛紛向

他請教移動石頭的方法。

高僧看看巨石，嘆了一口氣說：「這豈是人力可為？」

人們聽了，個個非常失望地走了。

然而，第二天早上，有人發現這塊石頭變了！石頭的中央莫名其妙地出現幾個字，寫著「鎮村之寶」。

那雄渾的字體和碩大的巨石搭配得天衣無縫，更顯氣勢磅礡，村民們忽然發現：有塊巨石擺在這裡其實也沒有不好。

漸漸的，再也沒有人想要搬動這塊巨石了，它一直巍然屹立在村口，而村民們也受到了這塊巨石的影響，白天工作格外有勁，夜裡也睡得特別安心。

這塊石頭果真是天上掉下來的寶物啊！

這個故事告訴了我們一種珍貴的處世智慧，那就是——當我們不喜歡一件事物，可是又無法改變它的時候，不妨試著把它想得美好一點。

把擋路的石頭想成「鎮村之寶」，把討厭的小人想成耍猴戲娛樂你的小丑，

把兇巴巴的老闆當成磨練你的貴人，把不順心的事情視爲上天給你的考驗，如此一來，儘管你還是面對著同樣的人、同樣的事，但至少不會成天氣憤、感到委屈了，不是嗎？

世界上沒有絕對的壞事，只有被自己定義爲「壞事」的事。只要不賭氣看待發生的一切，不把事情想得那麼壞，你的生活、你的心情，甚至於你的運氣，自然就會變得好一點。

放大胸懷可以淡化陰霾

如果你的煩惱很多，那可能是因為你的世界很狹隘；如果你看不順眼的事情很多，那可能是因為你的心胸太狹窄。

十三歲的兒子自從上了中學以後，似乎有些適應不良，每天放學回家總是抱怨東抱怨西的。凡是學校裡的一切，他沒有一樣看得順眼，經常為了一點小事而生上一整天的氣。

他的父親看在眼裡，感到非常擔心。

一次，兒子又在吃晚飯的時候向父親抱怨學校裡的事，父親聽了，沒有指責也沒有同情，只是叫兒子到廚房裡替他把鹽拿過來。

接著，他把鹽倒進水杯裡，讓兒子喝下去，並問他味道怎麼樣。

「鹹死人了！」兒子喝了一口，吐了出來，爲父親的舉動感到不解。

父親沒有說些什麼，只是叫兒子帶著一包鹽，跟他一起去湖邊。

到了湖邊以後，父親吩咐兒子把整包鹽撒進湖裡，然後對他說：「你現在喝一口湖水試試看。」

兒子按照父親的話，用手舀了一些湖水來喝。

「什麼味道？」父親問。

兒子回答：「涼涼的，很好喝。」

「有嚐到鹹味了嗎？」

「一點點，但是沒有關係。」

「是啊，一點點的鹹味，有什麼關係呢？」父親坐到兒子身邊，慈祥地對他說：「人生中遭遇到的痛苦就像這些鹽巴一樣，有一定的數量，不會多也不會少。你把鹽巴放在一個小小的杯子裡，會覺得很鹹，但是放在大湖裡，卻幾乎感覺不出來。既然我們無可避免地要承受這些痛苦，那麼不妨把自己內心的容積放大，

讓你的心成為一座湖，而不只是區區的一杯水，這樣一來你的痛苦不也跟著變淡了嗎？」

縮小痛苦最有效的方法，就是放大自己。

如果你的煩惱很多，那可能是因爲你的世界很狹隘；如果你看不順眼的事情很多，那可能是因爲你的心胸太狹窄。

既然你沒有辦法改變那些得罪你的人與事，與其一味埋怨，不如盡力把它們對你的衝擊降到最低。

一顆隕石的墜落可能會摧毀一顆行星，但是卻不會損害到整個宇宙。要學著成爲大宇宙，而不是小星星。如果你已經擁有了整片銀河的氣魄與胸襟，又何必爲一些芝麻綠豆般的小事煩心？

不肯放下煩惱，就無法開懷大笑

煩惱其實從來沒被邀請，一切都只是人們的一廂情願。是我們自己選擇要去煩惱，而不是煩惱自行來將我們困住。

有個不快樂的男孩四處尋找擺脫煩惱的辦法。

有一天，他經過一座山腳，看見一個牧童騎在牛背上，吹著悠揚的橫笛，一副逍遙自在的模樣。於是，男孩走上前去，問牧童說：「可不可以請你告訴我，要怎麼樣才能像你一樣快樂呢？」

牧童回答：「只要你騎在牛背上，笛子一吹，自然就會很快樂了。」

男孩試了試，一點效果也沒有。

他又繼續往前走，在經過一條河流時，看見一位老翁坐在樹蔭下釣魚，看起來怡然自得的樣子。男孩走上前去，問老翁說：「老伯伯，你可以告訴我擺脫煩惱，使自己自由自在的方法嗎？」

「那有什麼問題？」老翁拍著胸脯回答：「只要你跟我一起釣魚，保證你什麼煩惱都沒有。」

男孩坐下來跟著老翁釣了大半天魚，卻失望地發現他的煩惱還在。

他只好繼續往前走，希望可以找到快樂的秘訣。

下雨了，男孩來到一處山洞躲雨，他看見山洞裡有個老人獨自坐在裡面，臉上帶著平靜滿足的微笑。

「老爺爺，你可不可以告訴我，為什麼你可以笑得這麼滿足呢？」

「我笑得這麼滿足，是因為我的內心平靜，沒有煩惱的關係。」老人平靜而祥和地回答說。

男孩繼續追問：「那你可不可以告訴我要怎麼才能擺脫煩惱呢？」

老人露出疑惑的表情，反問男孩：「擺脫？為什麼要擺脫？難道是煩惱自己來困住你的嗎？」

男孩仔細地想了想，搖搖頭說：「……不是。」

「這就對了，既然不是煩惱自己來找你困住你，那麼你又何必自尋煩惱呢？」老人笑著說。

煩惱其實從來沒被邀請，一切都只是人們的一廂情願。

生活中，我們的確會遇到許許多多大小不一的麻煩，難免會有放不下的事情與難以解決的煩惱。但是要知道，是我們自己選擇要去煩惱，而不是煩惱自行來將我們困住。不會意氣用事的人，將來比較能夠爭氣，做出一番大事。

只要還承受得了，煩惱的壓力可以幫助我們成長，讓我們想通一些事情，不也沒有什麼不好？但若壓力大到承受不了，我們就應該要試著忘卻煩惱，不要再繼續和煩惱糾纏。

沒有一個人的人生是完全沒有煩惱的。有些人之所以可以笑得開懷，是因爲他在煩惱過之後，懂得將煩惱放下。

走出壞情緒，會發現更多樂趣

壞情緒總該有個盡頭，除非你選擇要永無止盡地沉溺在裡面。要不要回到平靜的岸邊，決定權掌握在自己手中。

一個生意失敗的男人出外散心，經過一座公園時，聽到公園裡傳來一陣悠揚的歌聲。那是一個快樂的人才能唱出的聲音。

任何人聽到那樣的旋律，都會被其中的快樂細胞感染，男人不禁停下腳步，仔細聆聽這令人感動的歌聲。

不久，歌聲停了下來。唱歌的男人從公園裡走了出來，臉上掛著和他的歌聲同樣令人感動的燦爛笑容。

能夠笑得這麼無憂無慮的人，一定也過得很無憂無慮吧！男人忍不住上前對他說：「先生，從你的笑容就可以看得出來，你一定是個很幸福的人。唉，不像我，我的生命裡充滿了坎坷與挫折，你一定不知道憂愁和煩惱是什麼滋味吧！」

「我怎麼會不知道呢？」唱歌的男人說：「就在今天早上，我才剛剛遺失了錢包，裡頭裝滿了我一整個月的生活費呢！」

「喔？遺失了錢包！那你怎麼還可以這麼愉快地在這裡唱歌？」

「就是因為遺失了錢包，所以我更要唱歌！你想想，我已經失去了錢，如果再失去一份好心情，豈不是要蒙受雙重損失嗎？」

爲發生在周遭的壞事感到沮喪是難免的，關鍵在於，你打算要沮喪多久？人難免會因爲受到外在環境的波及，使得自己的情緒低落到谷底，這些是無法控制的。但是，至少應該要爲自己設定一個停損點，遇到小意外的時候，允許自己難過五分鐘、十分鐘，碰到重大挫折的時候，放縱自己傷心一個小時、兩個

小時……

重點不在於容許自己不快樂多久，而在於在任何情況下，都應該知道，壞情緒總該有個盡頭，除非你選擇要永無止盡地沉溺在裡面。

當情緒的浪潮席捲而來，很少人能夠倖免於難。但是，要知道，那只是一段必經的過程而已。

要不要回到平靜的岸邊，決定權掌握在自己手中。

量力而為才能掌握機會

一個人要知道自己的極限在哪裡，才能為自己設定目標，不盲目追求從天邊飛過的機會，努力抓住一切在自己身旁的機會。

有個漁夫每天早出晚歸的捕魚，雖然他非常辛勤地工作，但是卻賺不了多少錢。漁夫的心裡非常明白，靠捕魚維生，自己是永遠不會成為富翁的。

那麼，要怎麼樣才會成為富翁呢？漁夫想起了父親臨終前對他說過的話，父親說：「附近的海底下有一艘裝滿了金銀珠寶的輪船，聽說是遇上暴風雨所以才沉沒的。孩子，要是你能夠找到它的話，這一輩子就都不用愁啦！」

於是，漁夫決定要碰一碰自己的運氣，他用白天的時間出海捕魚，夜晚則拿

著手電筒賣力地尋找那艘傳說中的沉船。

或許是他的勤奮感動了老天，一天，漁夫出海捕魚的時候，突然覺得魚鉤一沉，怎麼拉也拉不上來。這下子，肯定是釣到了一條大魚！

漁夫興奮地拉動釣竿，但是那條大魚卻似乎異常的沉重，他得採取拔河般的姿勢，才能緩緩拉起魚竿。啊，好不容易終於拉上來了！漁夫覺得眼前一亮，掛在魚鉤上的不是條大魚，而是一條金光閃閃的金鏈子。

「爸爸說得一點也沒錯，海裡真的有載滿金銀珠寶的沉船，這條鏈子一定是那艘船上的！」

漁夫高興得手舞足蹈，笑得好不開懷，可是，這條金鏈子不知道有多長，在漁夫的小船上繞了好幾個圈，眼看整艘船的空間都要被金鏈子佔滿了，還是看不見金鏈子的盡頭。

小小的漁船哪裡承受得了這麼多金屬的重量，漸漸一吋一吋地往下沉沒。

然而，漁夫只是一味地沉浸在他的發財夢裡，計劃著要用這筆錢買個大房子、買輛名牌跑車、送老婆漂亮衣服、帶全家人出國去玩……一點兒也沒有發覺腳底下的舢板因為承受不了超量的負載，正慢慢的龜裂著。

此時，只聽見「轟」地一聲，整艘船突然沒入海中，漁夫因為緊握著沉重的金鏈子，最後也只能帶著沒有做完的發財夢一同葬身海底。

人生最失意的事情，莫過於機會來了，卻沒有能力抓住。

幾乎每個人都曾經像故事中的這名漁夫一樣，一邊努力耕耘一邊祈求上蒼的眷顧。然而，當幸運之神眞的出手拉你一把，眞的可以一飛沖天？還是只會飛上雲端，然後又狠狠地跌了下來？

人的潛力固然無可限量，但是人的能力卻大多有所限制。知道自己的極限在哪裡，一方面可以保障自己的安全，不令自己招致危險，另外一方面也可以促使自己突破界線，更進一步。

更重要的是，一個人要知道自己的極限在哪裡，才能爲自己設定準確的目標，積極上進，爭取榮譽，而不是盲目追求那些從天邊飛過的機會，並且知道該努力抓住一切在自己身旁的機會。

把問題想簡單，才能輕鬆解難

一帆風順的時候，要把問題想得深、想得遠。真正遇到問題的時候，則應該要放鬆心情，儘量把問題想得簡單，想得樂觀。

有個國王覺得自己的丞相老邁無能，為了測試這名丞相是故意裝傻還是真的老糊塗了，國王想了一個方法來測試他。

國王將丞相軟禁在一個相當舒適的房間裡，房門上有一把密碼鎖，然後對丞相說：「如果你能夠想辦法讓自己出來，我就讓你繼續做丞相，否則，你就在這小小的房間裡終老吧！」

國王走後，丞相檢查了那把密碼鎖，用他聰明的腦袋思索了一下，立刻就算出鎖的密碼一共有二十八萬種可能的組合。

「哼！這種雕蟲小技，怎麼難得倒我這精明能幹的丞相呢？」丞相心想。

他又進一步算出，測試每一組密碼大約需要一分鐘左右，如果每天工作八小時，他最多只需要六百天的時間就能重獲自由。

想到這裡，丞相一分鐘的時間也不浪費，每天除了吃飯睡覺以外，把其餘的時間都用來測試密碼。

到了第六百天，丞相已經試過了二十七萬九千九百九十九組的密碼，只剩下最後一個密碼還沒有試過，他信心滿滿地在鎖上撥出最後一組密碼。但是，門鎖依然沒有被打開，鎖得牢牢的，一點兒動靜也沒有。

失望無助的心情瞬間擊潰了丞相，他發了瘋似地用力捶打大門，沒想到沉重的大門卻因為他的敲打，緩緩地被推開了。

丞相仔細檢查這道門，才發現這道門雖然右側插著堅固的門栓，但是卻可以輕而易舉地從左側推開。他一直致力於破解門栓上的鎖，卻從來沒有仔細研究過這扇門。要不然，他早在第一天就可以走出去了！

思考一件事情要把事情想到最艱難的地步，解決問題則必須由最簡單的方法開始著手。

一帆風順的時候，我們應該要去設想種種可能會發生的問題，把問題想得深、想得遠。但是，當我們真正遇到問題的時候，則應該要放鬆心情，儘量把問題想得簡單想得樂觀。

既然問題都已經發生了，想再多也不一定有用，不如由淺入深，從能做的、最容易做的方式開始。

如此一來，就算不能在第一時間立刻解決問題，至少也可以省點力氣，留待以後爭一口氣！

生活良品

82

格局決定你的結局 全集

作　　者　凌　雲
社　　長　陳維都
藝術總監　黃聖文
編輯總監　王郡凌
出 版 者　普天出版家族有限公司
新北市汐止區忠二街 6 巷 15 號
TEL / (02) 26435033 (代表號)
FAX / (02) 26486465
E-mail：asia.books@msa.hinet.net
http://www.popu.com.tw/
郵政劃撥 19091443 陳維都帳戶
總 經 銷　旭昇圖書有限公司
新北市中和區中山路二段 352 號 2F
TEL / (02) 22451480 (代表號)
FAX / (02) 22451479
E-mail：s1686688@ms31.hinet.net
法律顧問　西華律師事務所・黃憲男律師
電腦排版　巨新電腦排版有限公司
印製裝訂　久裕印刷事業有限公司
出 版 日　2024 年 5 月第 2 版第 1 刷
I S B N◎978-986-389-924-2　條碼 9789863899242

國家圖書館出版品預行編目資料

格局決定你的結局 全集／
凌雲著.—第 2 版.—：新北市,普天出版
2024.5 面； 公分. - (生活良品；82)
I S B N◎978-986-389-924-2 (平裝)

普天之下・盡是好書
普天出版家族
Popular Press Family
凌雲文創
A Plus Creative Company